L'éditeur remercie particulièrement
« Les Olivades »
pour le motif de la couverture de ce livre
qui provient de la collection **Bonis**.

CARRÉS GOURMANDS

Domaine de Fontgisclar, Draille de Magne
13570 BARBENTANE

ISBN 2-84135-035-5

Cuisine et recettes en Provence

CLAIRE LHERMEY
Illustrations de Lizzie Napoli

TYPOGRAPHIE & MISE EN PAGES : YVES PERROUSSEAUX

ÉQUINOXE

DANS LA MÊME COLLECTION

Recettes sétoises & de Bouzigues
Texte de Jacques Rouré, illustrations de Eric Battista

En préparation :
Cuisine et recettes en Pays niçois
Texte de Jacques Rouré, illustrations de Lizzie Napoli

Cuisine et recettes en Provence

*P*AR LA CUISINE *entrouverte s'échappe le fumet subtil qui bientôt se corse en saveur puissante.*

Noces glorieuses de l'ail et de l'huile d'olive avec en invités les herbes de la garrigue et leurs légumes de cousins, encore échauffés de soleil.
L'odeur alors monte, s'étoffe, vous prend, vous entoure et vous plonge dans le monde d'une cuisine riche, ensoleillée, rassurante comme un souvenir d'enfance.

Au dehors les cigales vous appellent. La table est mise sous la treille, le rosé de la coopérative au frais.

Sur la nappe en cotonnade d'indienne, imprimée d'olives et de feuilles d'acanthe, une vaisselle de Dieulefit, une fougasse aux grattons, des taupins d'olives et d'autres de tapenade.

Un panier de picodons se balance à la branche du figuier.

Vous entendez le tintement des verres, de la carafe…

L'anisette que l'on verse.

Aucun doute, vous êtes en Provence.

À table !

Menu

CHAPITRE SEPTIÈME

CHAPITRE HUITIÈME

CHAPITRE NEUVIÈME

CHAPITRE PREMIER

Des saveurs qui donnent le ton

S'*IL FALLAIT ÉCRIRE* la cuisine provençale, mettre des mots en lieu d'odeurs, de saveurs et de plaisirs du goût, l'histoire pourrait commencer ainsi :

Il était une fois l'ail, l'huile d'olive, la tomate et le thym…

- *Aïoli,*
- *Anchoïade,*
- *Pistou,*
- *Tapenade,*
- *Rouille,*
- *Coulis de tomates,*
- *Câprade,*
- *Ail en chemise.*

d'olive

Aïoli

SI ON NE DEVAIT CITER qu'un seul met provençal, ce serait l'aïoli ! Divine alliance de l'œuf, de l'ail et de l'huile d'olive, riche en symbolisme. Cette sauce, devenue plat à part entière, enchante les repas festifs des Noëls, comme ceux des grandes assembtivales.

N.B. Tous les *ingrédients doivent être à température ambiante : une demi-douzaine de gousses d'ail, un jaune d'œuf, un à deux bols d'huile d'olive, sel et poivre.*

Écraser l'ail au pilon dans un mortier pour obtenir une pâte fine, ajouter ajoute le sel, le poivre et le jaune d'œuf. Sans cesser de remuer d'une main, verser de l'autre l'huile, en filet fin, au besoin quelques gouttes d'eau tiède et tourner encore pour obtenir une belle pâte ferme. Le pilon qui tient debout dans la sauce est signe de réussite !

L'aïoli se sert entouré de légumes frais à peine cuits et tièdes, pommes de terre, carottes, haricots verts, choux-fleurs etc., et au choix, morue, bulots, escargots.

Au risque de choquer les puristes, on peut obtenir un aïoli-minute, bien inférieur au précédent mais parfois utile, en mélangeant mayonnaise en boite, poudre d'ail et huile d'olive.

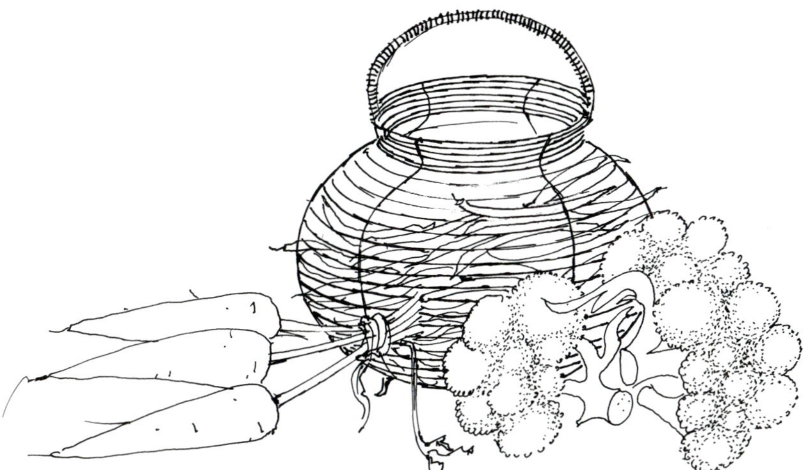

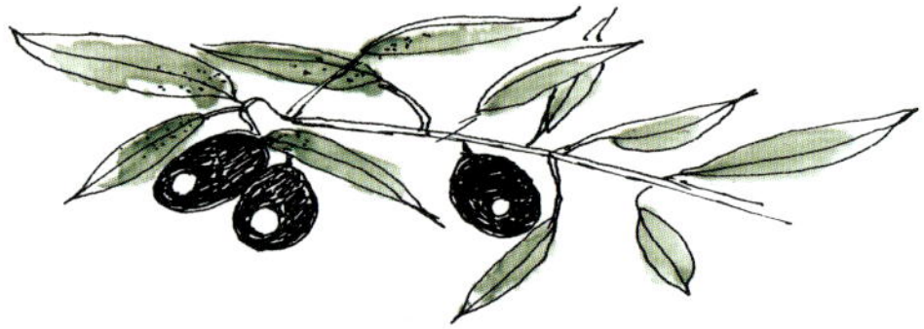

Tapenade

TARTINES POUR L'APÉRITIF sur petits pains grillés, avec des crudités, des œufs durs ou encore en compagnie de fromages de chèvre et pour certains même, au petit déjeuner, la tapenade s'apprécie à tout moment !

Deux cents grammes d'olives noires dénoyautées à la maison, autant de câpres, une boite de filets d'anchois et autant de thon au naturel, puis, une cuillerée de moutarde, un petit verre d'huile d'olive, du poivre et quelques doigts de cognac.

Broyer les premiers éléments (olives, câpres et poissons) au pilon, ou plus facilement au mixer.

Lier avec la moutarde et suffisamment d'huile d'olive pour obtenir une pommade. Assaisonner de poivre et de cognac et… si tout ne disparaît pas rapidement, ranger au frais dans des pots bien fermés.

Pistou

CETTE SAUCE AU BASILIC, traditionnellement servie dans la soupe au pistou (voir page 40) est tout autant délicieuse avec un plat de pâtes ou des haricots verts.

Deux à trois gousses d'ail, une belle branche de basilic frais, fromage râpé fin ou parmesan, huile d'olive et, selon les familles, une petite tomate pelée, épépinée et hachée fin.

Piler l'ail dans le mortier, ajouter le basilic lavé, essuyé et ciselé et continuer à piler avec le fromage râpé, (éventuellement la tomate) et suffisamment d'huile d'olive (un petit verre) pour obtenir une pommade onctueuse.

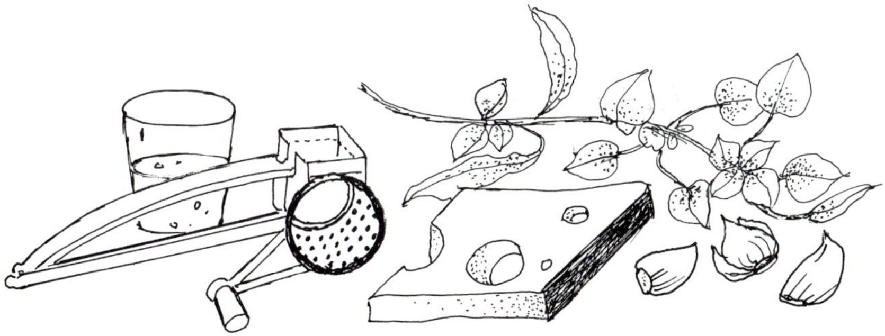

Anchoïade

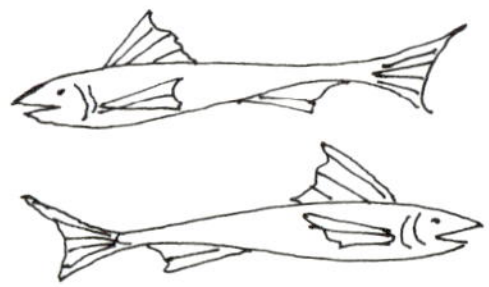

ANCHOIS SALÉS (un petit verre), *une à deux gousses d'ail, un filet de vinaigre, quelques tours de moulin à poivre et un peu d'huile d'olive.*

Ôter les arêtes. Laver les anchois et les faire tremper quelques minutes dans l'eau fraîche.

Pendant ce temps, préparer l'accompagnement :
tartines de pain de ménage pour en-cas ou apéritif (grillées au feu de bois, c'est encore meilleur), et pour hors-d'œuvre, un assortiment de bouquets crus de choux fleurs, brocolis, tronçons de tiges de céleri ; endives coupées en quatre, bâtonnets de carottes etc.

On peut ajouter aussi quelques quartiers d'œuf dur.

Mettre les anchois à fondre à feu très doux dans une casserole émaillée, ajouter tout en remuant l'ail écrasé, le poivre, le vinaigre et assez d'huile d'olive pour donner à la sauce la consistance d'une pommade.

Servir dans un bol, chaud ou froid et vérifier l'assaisonnement : il faut parfois rajouter du sel.

Rouille

C'EST LA SAUCE par excellence de la bouillabaisse (voir page 48) mais elle est également délicieuse avec toutes les soupes de pécheurs, les poissons chauds ou froids et les crustacés.

2 gousses d'ail, 2 piments rouges « langues d'oiseau », une grosse noix de mie de pain et une tasse de lait, 2 cuillerées d'huile d'olive et un peu de bouillon de poisson.

Mettre le pain à tremper dans le lait. Écraser l'ail au pilon dans un mortier avec les piments (sans les graines). Ajouter le pain pressé et continuer à piler en versant doucement l'huile d'olive puis un peu de bouillon. La rouille doit rester ferme.

Coulis de tomates

TOMATES (1 à 2 kg), deux ou trois oignons et autant de gousses d'ail, huile d'olive, sel et poivre et, un choix d'herbes selon l'inspiration, thym, laurier, romarin, persil, basilic, sans oublier deux morceaux de sucre pour rectifier l'acidité des tomates.

Peler les tomates après les avoir trempées dans l'eau bouillante (à moins de posséder un moulin à légumes, dans ce cas, l'épluchage est inutile).

Couper les tomates en morceaux et les jeter dans une poêle avec un fond d'huile d'olive, l'ail, les oignons coupés et le sucre.

Assaisonner et laisser cuire une bonne heure en remuant de temps en temps.

Écraser le coulis à la fourchette ou le passer à la moulinette. Si la sauce est trop liquide la faire réduire encore un peu à feu doux.

Ce coulis se mange chaud ou froid. Pour un usage ultérieur, congeler en petites portions ou mettre en bocaux et stériliser.

Câprade

CETTE SAUCE AUX CÂPRES (tapeno) accompagne les poissons et calamars aussi bien que les plats de courgettes et d'aubergines.

Un oignon, un petit verre d'huile d'olive, autant de coulis de tomate **(voir page 20),** ***une cuillerée de farine, un peu de bouillon*** **(viande ou poisson selon le plat accompagné),** ***un petit pot de câpres et autant de vinaigre fin.***

Dans une petite cocotte, faire revenir à l'huile l'oignon haché puis ajouter la farine. Délayer la sauce avec le coulis et ce qu'il faut de bouillon. Laisser mijoter quelques minutes. Au dernier moment, verser dans la cocotte les câpres et le vinaigre.

Ail en chemise

L'AIL EN CHEMISE est l'ail cuit dans sa peau et la purée qui en résulte.
Aussi douce et suave que l'ail cru est piquant et épicé, elle accompagne les viandes rôties ou se tartine simplement sur du pain grillé.

On peut la bonifier encore en y mêlant quelques anchois pilés et un filet de vinaigre.

Il y a plusieurs façons pour l'obtenir :

Sous la cendre. Les têtes d'ail enfouies dans la cendre d'un feu finissant, font les meilleures purées d'ail. Il suffit de presser légèrement sur chaque gousse pour en faire sortir la délicieuse pommade.

En farce. Cuites toutes habillées dans un plat ou à l'intérieur d'une volaille, comme pour le poulet d'ail (voir page 80).

À l'eau. Jetées dans l'eau bouillante salée une vingtaine de minutes. Ajouter à mi-cuisson des pâtes genre coquillettes qui en seront toutes parfumées.

CHAPITRE DEUXIÈME

Salades et hors d'œuvre

EN PROVENCE, les salades ouvrent le repas pour ouvrir l'appétit. Certains de ces hors d'œuvre, assez copieux, peuvent faire office de plat principal pour un repas léger. C'est le cas des salades niçoises et camarguaises, de la pissaladière ou des caillettes.

– *Salade niçoise,*
– *Salade tiède de pois chiches,*
– *Salade fère ou salade sauvage,*
– *Salade camarguaise,*
– *Caviar d'aubergines,*
– *Caillettes,*
– *Pissaladière,*
– *Papeton d'aubergines,*
– *Fougasse aux olives.*

Hui
s allongés
à l'huile

Salade niçoise

DEPUIS NICE, elle a fait le tour du monde ! Jouée sur d'infinies variations, en voici une assez classique.

Comptez pour deux personnes et multipliez par le nombre de convives, 4 tomates, 1/2 concombre, 1/2 poivron, 2 petits artichauts, 1 œuf dur, 1 petit oignon, quelques olives niçoises et filets d'anchois.
Pour la sauce : ail, jus de citron, huile d'olive, sel et poivre frais.

Laver et parer les légumes (en faisant ou non dégorger concombre et tomates au sel une heure auparavant).

Couper en quartiers tomates artichauts et œufs durs, en lamelles concombre, oignon et poivron.

Frotter le saladier d'une gousse d'ail. Ajouter sel, poivre, citron et huile puis disposer les légumes par dessus. Terminer par les œufs durs, les anchois et les olives en faisant joli.

Ne tourner qu'au moment de servir.

Salade tiède de pois chiches

LE POIS CHICHE est plat de pauvre, dit-on, mais cette salade a sa place sur les bonnes tables.

Il faut un sac de pois chiches, du bicarbonate de soude et du sel ainsi qu'une vinaigrette bien relevée, des oignons blancs (cébettes) et du persil.

Faire tremper les pois à l'eau froide toute une nuit et rincer.
Mettre à cuire à l'eau froide portée à ébullition pendant 1 h 30 environ avec une bonne pincée de bicarbonate et du sel.
Égoutter. Y mêler vinaigrette, cébettes et persil, et servir tiède.

Les pois chiches en conserve font aussi très bien l'affaire. Les plonger dans l'eau bouillante quelques minutes avant de les accommoder.

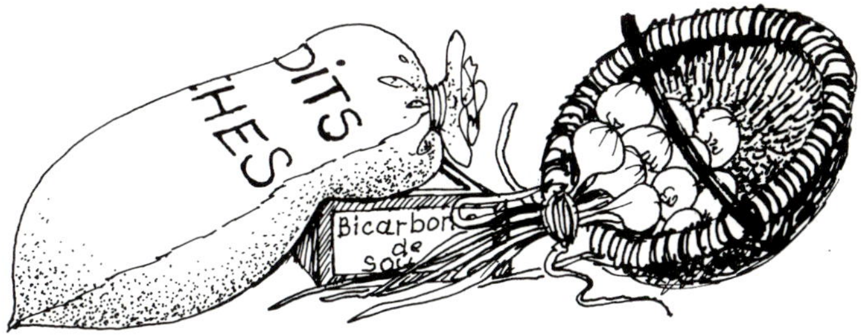

Salade fère ou salade sauvage

CETTE RECETTE commence par une promenade matinale aux brumes du printemps, un petit couteau à la main et un panier pour ramasser « les herbes » Tout un mélange au gré de la cueillette : pissenlit, laitue sauvage, chicorée, pourpier, cousteline grasse et charnue et surtout roquette, cette plante à fleurs jaunes, beaucoup plus puissante en goût à l'état sauvage que cultivée.

Une telle salade demande quelques connaissances, celles des plantes ou celle d'un vieil ami qui s'y connaît, mais elle est incomparable en saveurs.

Cette salade s'apparente au « mesclun » (mélange) dont on trouve de plus en plus de préparations cultivées prêtes à l'emploi et doit s'accommoder le plus légèrement possible pour ne pas en altérer la subtilité.

Vinaigrette à l'huile d'olive et pointe d'ail, c'est tout.

Salade camarguaise

Ce petit riz de Camargue, il est temps de le redécouvrir, il vaut bien tous ses cousins américains !

Prévoir du riz blanc cuit à la Créole, la valeur d'une tasse par personne, le cœur d'un pied de céleri et du persil plat, des crevettes fraîches ou des petits encornets ainsi qu'une vinaigrette au citron et à l'huile d'olive.

Préparer la vinaigrette au fond d'un saladier sans oublier du poivre moulu et accessoirement quelques grains de moutarde. Y mêler le cœur de céleri lavé, séché et ciselé fin et laisser en attente.

Faire cuire les crevettes au court bouillon, tiédir et éplucher.

Ou débiter les encornets et les cuire à la poêle un quart d'heure pour leur faire rendre leur eau, en ajoutant de l'huile d'olive en fin de cuisson.

Mêler le riz à la sauce, garnir des fruits de mer et de quelques feuilles de persil.

Caviar d'aubergines

CE CAVIAR SE SERT TRÈS FRAIS, avec des tartines grillées ou des légumes crus. Il faut donc le préparer à l'avance.

Choisir 4 belles aubergines et réunir un hachis d'oignons blancs et d'herbes fraîches au choix, persil, basilic, thym, sarriette. Il faut aussi un petit bol d'huile d'olive.

Couper les aubergines en deux et les mettre à four chaud une bonne demi-heure. Retirer la pulpe avec une cuillère et la broyer finement.

Incorporer le hachis d'herbes et lier à l'huile d'olive.

Caillettes provençales

POUR 6 CAILLETTES, il faut se procurer chez le charcutier, un peu de crépine, une tranche de lard, 250 g de foie de porc et autant d'échine. Il faudra encore une livre d'épinards, 10 grains de genièvre écrasés, un œuf, du sel et du poivre et un bon verre de vin blanc.

Mettre la crépine à tremper dans l'eau froide le temps de préparer la farce.

Éplucher, faire blanchir et égoutter les épinards. Hacher, de préférence à la main, l'échine, le foie et le lard. Les mélanger dans un saladier avec l'épinard pressé et haché ainsi que l'œuf, le genièvre, le sel et le poivre.

Répartir la farce en 6 boulettes et les enfermer chacune dans un carré de crépine.

Ranger les caillettes dans un plat à four et les arroser du verre de vin blanc.

Enfourner à four moyen et laisser cuire trois petits quarts d'heure.

Les caillettes sont aussi bonnes chaudes que froides.

Pissaladière

P*RÉVOIR POUR LA PÂTE *un bon bol de farine, 2 grosses cuillerées de beurre et autant d'huile d'olive, une pincée de sel et un peu d'eau chaude. Il faut par ailleurs 3 ou 4 beaux oignons, une boite de filets d'anchois et quelques olives.

Verser la farine dans un saladier, y creuser un puits et ajouter le beurre en petits morceaux, l'huile et le sel. Ajouter juste assez d'eau chaude pour ramollir le beurre et obtenir une belle pâte élastique. Laisser reposer une demi-heure.

Pendant ce temps, éplucher les oignons, les hacher finement et les faire revenir à feu très doux dans un peu d'huile d'olive sans les faire roussir.

Rouler la pâte et l'étaler sur un plat à tarte huilé. Garnir avec les oignons cuits et, par dessus les anchois et les olives.

Faire cuire à four moyen une trentaine de minutes.

La pissaladière est aussi bonne chaude que froide.

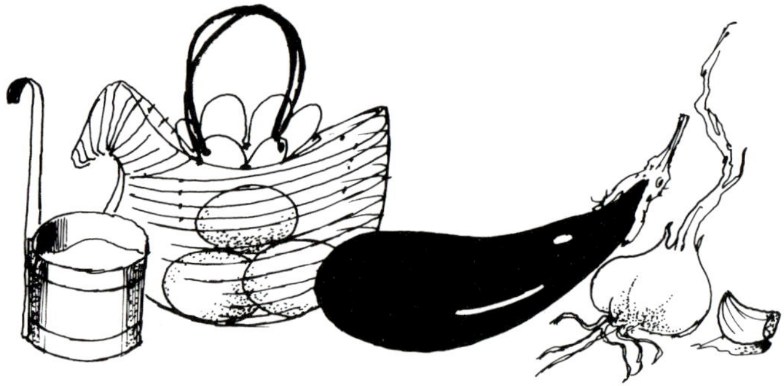

Papeton d'aubergines

LE RÉGAL DES PAPES en Avignon, dit-on, d'où le nom de cette entrée délicate et raffinée.

Il faut 1 kg d'aubergines, 1 cuillerée à soupe de gros sel, 2 gousses d'ail, 1 oignon, 3 œufs, 1 dl de crème fraîche, de l'huile d'olive, du thym et du poivre.

Éplucher, couper en dés et faire dégorger les aubergines pendant une heure avec le sel. Jeter l'eau. Chauffer l'huile et y jeter les aubergines, l'ail et l'oignon. Ajouter le poivre et le thym. Laisser cuire doucement en remuant souvent une demi-heure. Passer à la moulinette.

Ajouter les œufs battus avec la crème.

Mettre dans une terrine beurrée à four chaud, au bain-marie et laisser cuire une trentaine de minutes.

Servir chaud ou froid avec un coulis de tomates (voir page 20).

Fougasse aux olives

TRÈS TYPIQUES, les petites fougasses salées se dégustent en entrée, à l'apéritif ou tout au long de la journée.

Pour 4 fougassettes aux olives, rassembler 500 g de farine, 20 g de levure de boulanger, 4 cuillerées à soupe d'huile d'olive, 1 cuillerée à soupe de sucre et une pincée de sel ainsi qu'un bol d'olives dénoyautées et coupées en morceaux.

Délayer la levure dans un peu d'eau tiède.

Mettre la farine dans un saladier et y faire un puits. Y verser l'huile, le sucre, le sel et la levure, et assez d'eau tiède pour faire une pâte souple.

Pétrir sur une planche farinée. La pâte ne doit plus coller aux doigts.

Recouvrir d'un linge et mettre à lever dans un endroit chaud, une à deux heures.

Pétrir la pâte à nouveau en y incorporant les olives.

Diviser la pâte en quatre parts et les aplatir.

Faire quelques fentes sur chaque fougassettes et les agrandir avec la main. Les déposer sur la plaque du four beurrée et farinée, recouvrir d'un linge et laisser lever une nouvelle fois.

Dorer au jaune d'œuf ou au lait. Faire cuire 25 minutes à bon four.

CHAPITRE TROISIÈME

Soupes

DANS LA CUISINE, à porte fermée, bouillotte la marmite.

La soupière est apportée, blanche, encore toute fumante sur la table cirée. Dans les assiettes, des croûtes de pain brûlant.

- *Aïgo boulido,*
- *Soupe de pois chiches,*
- *Soupe au pistou,*
- *Soupe d'épeautre,*
- *Soupe de poissons,*
- *Soupe aux moules.*

Aigo boulido

*L*A *PLUS SIMPLE DES SOUPES*, la plus digeste aussi comme son nom l'indique : eau bouillie.

Il suffit pour trois à quatre personnes, d'autant de gousses d'ail et d'un litre d'eau. Une feuille de laurier, une autre de sauge avec un peu de sel.

Mettre tous les ingrédients sauf la sauge, à cuire un bon quart d'heure.

Éteindre le feu, ajouter la sauge et couvrir.

Pendant ce temps, garnir les assiettes de tranches de pain rissolés à l'huile et couvertes de gruyère râpé.

Verser le bouillon par dessus.

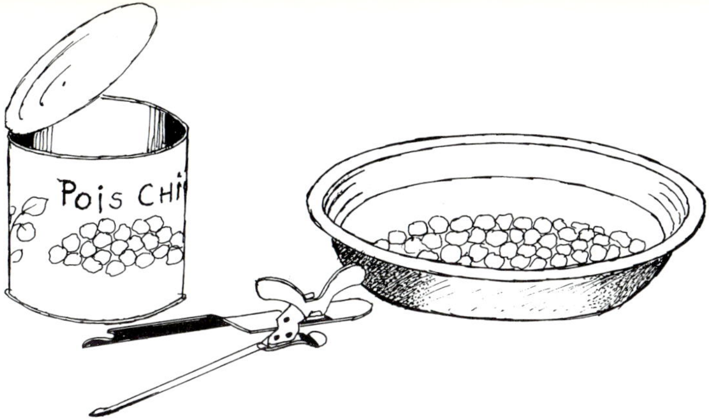

Soupe de pois chiches

RECETTE À *PRÉVOIR* la veille pour laisser le temps aux pois de tremper.

Rassembler une boite de pois chiches, 2 blancs de poireaux, 2 tomates, 2 gousses d'ail, du sel et du poivre. Huile d'olive et pain rassis pour faire des croûtons.

Faire tremper puis cuire les pois selon la recette de la page 27, sans les égoutter.

Par ailleurs, faire revenir dans une cocotte, le poireau émincé puis les tomates et l'ail. Ajouter sel et poivre et laisser mijoter un quart d'heure avant de mêler aux pois bien cuits dans leur eau. Donner encore quelques tours de bouillon puis passer la soupe.

Servir sur les croûtons brûlants.

Soupe au pistou

*R*APPORTER DU MARCHÉ *une livre de haricots verts, 2 courgettes, 3 tomates et autant de pommes de terre. Il faudra encore deux bonnes poignées de haricots en grains frais, des rouges et des blancs, du gros vermicelle et du sel. Et pour le pistou, les ingrédients indiqués page 17.*

Mettre les haricots en grain à cuire dans deux bons litres d'eau. Ajouter au fur et à mesure les légumes frais détaillés en petits cubes et saler. Laisser cuire une heure au moins puis ajouter une poignée de vermicelle. Laisser cuire encore un quart d'heure.

Pendant ce temps préparer le pistou (page 17) Verser cette pommade dans la marmite au moment de passer à table ou la présenter dans une jatte pour que chacun se serve à son goût.

Soupe d'épeautre

L'ÉPEAUTRE (espéouto) ressemble au blé. On en trouve facilement en Provence et, ailleurs, dans les maisons de régime.

Prévoir pour une grosse soupe, un os de gigot, un bol d'épeautre, 1 oignon piqué de deux clous de girofle, 1 poireau, 2 carottes et une saucisse de couenne trouvée sous le nom de missoun. On peut encore ajouter 3 branches de céleri et 1 navet, sans oublier le sel.

Mettre à cuire dans trois litres d'eau l'os, les légumes découpés grossièrement et l'épeautre pendant trois heures. Ajouter la saucisse, piquée à la fourchette, à mi-cuisson.

Soupe de poissons

PÊCHER EN PLEINE MER, à la criée du port, ou chez un fidèle poissonnier, un kilo de poissons de roche variés. Prendre encore 2 oignons, 3 tomates, une branchette de fenouil, thym et laurier, 2 gousses d'ail, une pincée de safran, du sel et de l'huile d'olive.

Écailler, vider et tronçonner les poissons puis les faire revenir à l'huile d'olive avec l'oignon émincé. Ajouter tomates, ail et assaisonnement.

Couvrir d'eau et laisser bouillir doucement un quart d'heure.

Passer au tamis, réchauffer et servir brûlant avec rouille à volonté (page 19) et croûtons.

Soupe aux moules

COMPTER un kilo de moules, 2 feuilles de laurier, 1 blanc de poireau, 1 oignon, de l'huile d'olive, une pincée de safran et du persil.

Il faudra encore, soit un bol de riz cru ou de vermicelle, soit 2 ou 3 pommes de terre épluchées et coupées en petits dés.

Faire ouvrir les moules bien lavées et brossées à l'eau bouillante avec la feuille de laurier.

Ôter les coquilles et filtrer le jus dans une mousseline.

Par ailleurs, faire revenir à l'huile d'olive le blanc de poireau et l'oignon émincés. Verser le jus par dessus et mettre à bouillir en rajoutant au besoin un peu d'eau, voire de vin blanc.

Ajouter le safran et, riz, vermicelle ou pommes de terres au choix. Laisser cuire une vingtaine de minutes puis juste avant de servir, ajouter les moules et le persil haché.

CHAPITRE QUATRIÈME

Poissons et fruits de Méditerranée

LE BRUIT DES VAGUES est si doux qu'on ne l'entend pas dix pas plus loin, mais les haubans claquent sur les mâts comme sonnailles de troupeaux.

Sur une grande écorce de liège, en guise de plat, s'étale la pêche du jour, des oursins, des rougets, des orties de mer, un gros poulpe et des arrapèdes. On sent déjà, mêlée au safran, l'odeur maritime sortir de la cuisine.

- *Rougets poêlés,*
- *Loup au fenouil,*
- *La bouillabaisse,*
- *Brandade,*
- *Raïté de morue,*
- *Tian de sardines,*
- *Sardines en escabèche,*
- *Poulpe à la provençale,*
- *Pilau de moules.*

FARINE

Rougets poêlés

COMPTER 2 ROUGETS PAR PERSONNE.

Vider les poissons sans les écailler et les faire cuire à l'huile d'olive sur une poêle bien chaude, comme un bifteck. Saler et poivrer.

La peau reste collée avec les écailles et on ne mange que la chair. Ne pas jeter les têtes, les joues sont un morceau de choix.

On peut encore écailler les poissons et les rouler ou non dans la farine avant de les faire cuire si on souhaite manger la peau.

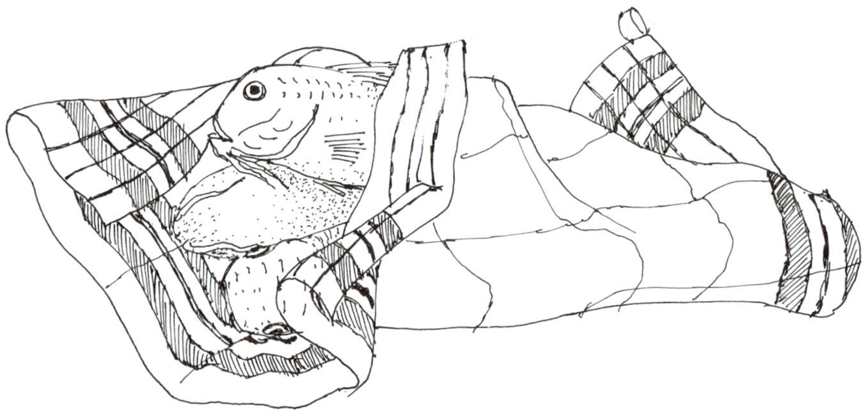

Loup au fenouil

VERSION PROVENÇALE DU BAR, le loup se prépare au four ou sur le gril du jardin.

Selon la taille du poisson, le loup régalera de deux à quatre convives. Cueillir pour chaque loup une bonne poignée de fenouil frais.

Après avoir nettoyé le poisson, le fourrer de fenouil. Entailler la peau, saler, poivrer et cuire tel quel sur le gril, ou au four dans un plat avec un verre de vin blanc ou de pastis allongé d'eau.

Le temps de cuisson varie, bien entendu, selon le poids du loup.

La bouillabaisse

TRADITIONNELLEMENT, la bouillabaisse est un plat de pauvre. C'est aujourd'hui devenu occasion de fête, ou dans tous les cas d'un gros repas entre amis. Mais avant tout, c'est une affaire d'hommes !

Ils la prépareront de préférence dehors sur un bon feu de bois, dans une marmite énorme.

Il leur faudra un bel assortiment de poissons de roche vidés et nettoyés, rascasses, galinettes, girelles etc. et plusieurs tronçons de poisson blanc, fiellas (congre), baudroie (lotte), saint-pierre, etc. ainsi que quelques crabes, cigales de mer ou gros bigorneaux, en fonction de la marée.

Prévoir aussi assez de pommes de terre pour tout le monde, épluchées et coupées en morceaux, 2 gros oignons coupés en quatre, 3 à 4 tomates en quartiers, quelques gousses d'ail, des branches de fenouil, un morceau d'écorce d'orange, du sel du poivre, du safran et de l'huile d'olive.

Préparer une rouille selon la recette de la page 19.

Mettre au fond de la marmite l'huile d'olive, les oignons, les pommes de terre, les épices, les tomates et les condiments et bien mélanger sur feu très vif. Placer par dessus les poissons, les plus fermes avec les crabes, et par dessus encore les plus tendres. Recouvrir d'eau bouillante et laisser cuire, toujours à feu vif une quinzaine de minutes.

Ranger sans les briser, les poissons sur un plat à côté des pommes de terre. Apporter à table et servir le bouillon à part, directement dans les assiettes garnies de grosses tranches de pain.

Apporter la rouille en même temps.

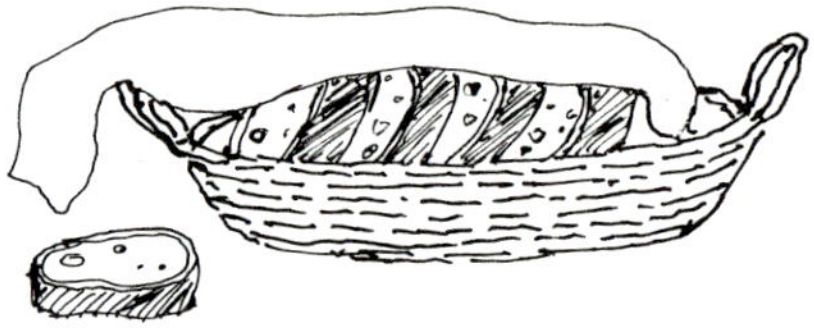

Brandade de morue

ON *TROUVE FACILEMENT* cette spécialité nîmoise toute faite, mais les recettes « maison » sont toujours meilleures.

Prévoir cette recette 24 heures à l'avance, le temps de dessaler la morue. En acheter 1 kg et s'assurer d'avoir du lait frais et de l'huile d'olive.

La morue étant bien dessalée à l'eau froide, changée fréquemment, la pocher en la mettant au feu à l'eau froide. Aux premiers frissons de l'eau, éteindre le feu, couvrir la casserole et laisser un dizaine de minutes.

Émietter la morue. Ôter les arêtes mais pas la peau.

La mettre dans une casserole à fond épais et sans cesser de remuer vivement, ajouter au fur et à mesure, l'huile et le lait tiédi pour obtenir une belle pommade.

Servir avec des pommes de terre, des croûtons ou des tranches de pain grillé.

Raïté de morue

POUR 1 kg DE MORUE DESSALÉE, il faudra de l'huile d'olive, 2 petits oignons, 1 verre et demi de vin rouge et autant d'eau, 2 gousses d'ail, herbes de Provence, sel et poivre, 2 cuillerées à soupe de farine, autant de concentré de tomates et de câpres.

Faire blondir les oignons hachés à l'huile d'olive. Ajouter la farine et manier pour faire un roux. Mouiller avec le vin et l'eau, ajouter l'ail pilé et les herbes, saler poivrer puis délayer la purée de tomate dans la sauce. Laisser mijoter 20 minutes.

Pendant ce temps couper la morue en morceaux, les fariner et les faire frire quelques minutes à la poêle. Jeter les morceaux dans la sauce, ajouter les câpres et laisser mijoter encore un peu avant de servir.

Tian de sardines

COMPTER 3 À 4 SARDINES PAR PERSONNE, 1 kg d'épinards ou de blettes, 1 œuf, de l'huile d'olive et de la chapelure

Laver, éplucher, blanchir l'épinard à l'eau salée et bien égoutter.

Par ailleurs, écailler les sardines, couper les têtes en vidant les poissons, puis les ouvrir en deux pour ôter l'arête centrale.

Huiler un tian ou plat à four et garnir le fond avec l'épinard haché grossièrement et mélangé à l'œuf. Disposer les sardines ouvertes par dessus, peau vers le haut. Saler poivrer. Arroser d'huile d'olive et saupoudrer de chapelure. Mettre à gratiner à four chaud, une dizaine de minutes.

Sardines en escabèche

L'AVANTAGE de cette recette, outre son goût rafraîchissant, est qu'elle laisse à la cuisine une odeur de vinaigre au lieu de celle des sardines !

Pour 1 kg de sardines, il faudra un peu de farine, 2 carottes, 1 branche de céleri, 1 oignon, 1 piment, quelques grains de poivre et de genièvre, feuilles de laurier, un bol de vinaigre de vin et de l'huile d'olive.

Écailler, étêter et vider les sardines. Les ouvrir en deux pour ôter l'arête centrale.

Les égoutter sur papier absorbant puis les ranger dans une terrine.

Essuyer la poêle puis y faire revenir les légumes coupés en fines rondelles à l'huile d'olive. Hors du feu, ajouter le vinaigre et les épices. Donner deux ou trois bouillons et verser sur les sardines.

Mettre au froid et consommer le surlendemain.

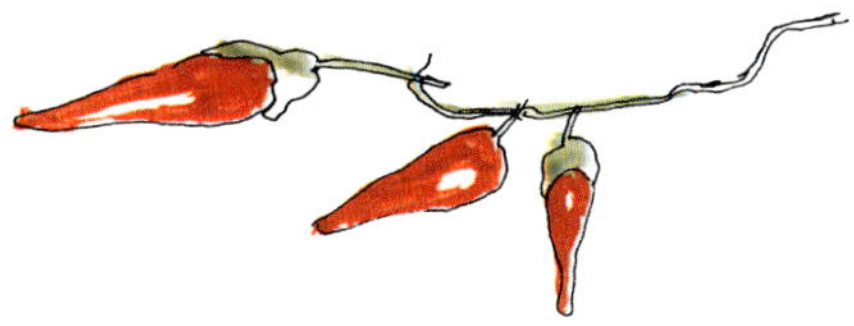

Poulpe à la provençale

LES SEICHES feront tout aussi bien l'affaire pour cette recette, de même que les encornets.

Inutile alors, de battre ces deux derniers céphalopodes !

Préparer 1 kg de poulpe en le battant sur une planche avec un bâton pour l'attendrir.

Nettoyer et couper en tronçons. Il faudra aussi 3 tomates, 1 gousse d'ail, 2 oignons, 1 verre de coulis de tomates (voir page 20)***, 1 morceau d'écorce d'orange, 1 poignée de branches de fenouil et de l'huile d'olive.***

Dans une bonne cocotte, faire revenir les morceaux de poulpe et les oignons hachés. Ajouter les tomates coupées en quatre, le coulis, l'ail, l'orange et remuer. Poser le fenouil par dessus et couvrir.

Laisser cuire selon l'espèce de 20 minutes pour les encornets à une heure pour le poulpe, en rajoutant au besoin un peu d'eau, voire de vin blanc, si la sauce réduit trop.

Ôter les branches de fenouil avant de servir.

Pilau de moules

POUR DEUX LITRES DE MOULES, compter 2 verres de riz cru, 1 oignon, 1 tomate, 1 pincée de safran, huile d'olive, sel et poivre et bouquet garni.

Faire ouvrir les moules lavées et grattées à feu vif dans une grande casserole. Décoquiller les moules, sauf quelques unes pour le décor et filtrer le jus dans une mousseline.

Par ailleurs, faire revenir l'oignon haché, puis la tomate dans une sauteuse avec l'huile. Ajouter le riz cru et tourner en le laissant blondir.

Verser sur le riz 5 volumes de liquide, jus de moule et eau, ajouter le bouquet garni, le safran et les moules. couvrir et laisser cuire tout doucement 20 minutes.

CHAPITRE CINQUIÈME

Plats de printemps

LES COLLINES POINTENT LES HERBES FRAICHES, au milieu des fleurs et la Provence est pour un court moment verdoyante.

C'est le temps des légumes nouveaux glanés au marché ou au potager et des salades sauvages cueillies par de matinales escapades.

Avec les fêtes pascales, c'est aussi l'époque de l'agneau et des œufs sous toutes leurs formes.

- *Brouillade d'asperges,*
- *Omelette au vert,*
- *Crespéou,*
- *Barbouillade d'artichauts,*
- *Artichauts farcis,*
- *Épaule en garrigue,*
- *Sauté d'agneau,*
- *Ravioles au fromage de chèvre.*

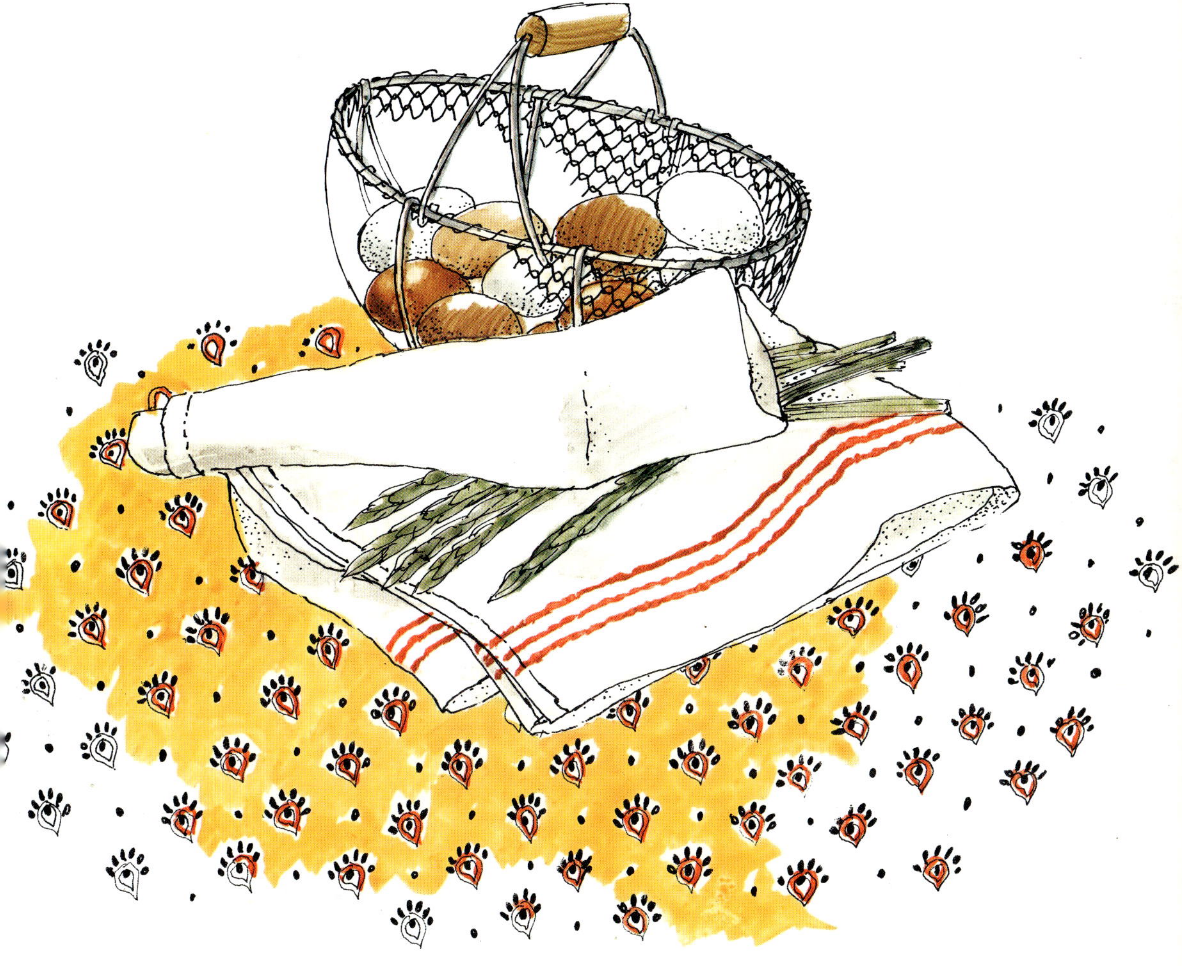

Brouillade de pointes d'asperges

CE PLAT EST UN RÉGAL avec les fines asperges vertes et sauvages ramassées au détour des chemins.

On peut tout autant le réussir avec les asperges fraîches du marché.

Prévoir 6 asperges fines et 2 œufs par personne.

Couper les hauteurs des asperges. Rincer à l'eau claire et faire revenir vivement à la poêle. Mettre dans un plat en terre sur feu doux et y casser les œufs sans cesser de remuer. Saler, poivrer et surtout ne pas trop cuire.

La brouillade se mange comme une crème onctueuse avec des tranches de pain et une bonne salade.

Omelette au vert

PRÉPARER 1 grosse poignée d'épinards jeunes ou de tétragone sauvage et autant d'herbes vertes du jardin, persil, ciboule, etc.
1 gousse d'ail et de l'huile d'olive. Compter aussi 2 œufs par personne.

Faire revenir l'épinard haché et les herbes à la poêle, ajouter l'ail écrasé. Battre les œufs en omelette et verser dans la poêle. Faire cuire l'omelette en relevant les bords et la servir baveuse.

Crespéou

LE *CRESPÉOU* est un gâteau de différentes omelettes empilées les unes sur les autres.

Compter 1 douzaine d'œufs et 3 cuillerées de lait et pour chaque omelette, des ingrédients différents : 1 poivron rouge, 1 poivron vert, 4 cébettes et 3 cœurs d'artichauts, ou encore selon son goût ou son humeur, tomate, courgette, aubergine, lardons, tapenade, etc.

Battre les œufs en omelette avec le lait. Saler, poivrer.

Par ailleurs dans une poêle pas trop grande, faire revenir 1 poivron haché quelques minutes à l'huile d'olive. Verser par dessus une louchée d'œufs battus pour faire une première omelette. Elle doit être fine et baveuse. Placer l'omelette dans un plat ou dans un moule puis en faire une suivante avec un autre légume en alternant les couleurs. Les fonds d'artichauts étant plus longs à cuire il est préférable de les précuire auparavant.

Le crespéou se mange froid le lendemain, coupé en tranches comme un gros gâteau et servi avec une salade.

Barbouillade d'artichauts

ACHETER DES JEUNES ARTICHAUTS *verts et tendres appelés « mourre de cat », 1 à 2 par personne. Il faudra encore une tranche de petit salé coupée en lardons, 1 oignon, 1 verre de vin blanc, une branche de thym, de l'huile d'olive et du citron, sel et poivre.*

Parer les artichauts en arrachant les feuilles extérieures et en coupant le haut des autres. Couper chaque artichaut en deux, ôter le foin et couper chaque moitié encore en quatre en mettant les morceaux au fur et à mesure dans de l'eau citronnée.

Par ailleurs mettre les lardons à blondir dans une cocotte avec l'huile d'olive et l'oignon haché.

Ajouter les morceaux d'artichauts, sel poivre et thym. Bien faire rissoler le tout et mouiller avec le vin. Laisser cuire à feu doux 20 à 30 minutes.

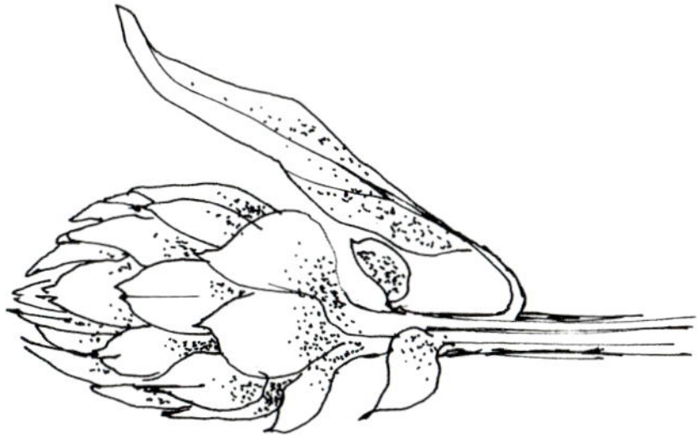

Artichauts farcis

*C*OMPTER PAR PERSONNE *2 petits artichauts violets dits « poivrade », et le double de tranches fines de poitrine fumée. Pour la farce, mie de pain trempée, ail, persil, sel, poivre et un jaune d'œuf. Il faudra encore 2 carottes, 1 oignon et de l'huile d'olive.*

Parer les artichauts comme pour la recette précédente. Les couper en deux, ôter le foin et les mettre au fur et à mesure dans de l'eau citronnée.

Éplucher et couper fin l'oignon et la carotte et mettre à rissoler doucement dans une cocotte avec l'huile d'olive. Saler, poivrer, ne pas laisser attacher.

Préparer la farce en mélangeant les ingrédients cités plus haut et en remplir chaque moitié d'artichaut. Entourer d'une tranche de poitrine fumée et maintenir en place avec une ficelle.

Poser les artichauts dans la cocotte, ajouter un peu d'eau et laisser mijoter 3 petits quarts d'heure.

Epaule d'agneau en garrigue

Pour une épaule d'agneau, *préparer les herbes et condiments nécessaires dans un grand plat : thym émietté, romarin effeuillé, sarriette moulue* (ceci est important, la sarriette entière est très piquante), *grains de poivre et de genièvre écrasés, gros sel et un peu de chapelure.*

Inciser l'épaule le long de l'os et y glisser une partie du mélange d'herbes. Ficeler l'épaule, la badigeonner d'huile d'olive et la rouler dans le restant d'herbes.

Faire cuire à four chaud comme un gigot, 1/4 d'heure par livre.

Servir avec des flageolets, des fèves, ou des petites pommes de terre au four bien dorées, mises à cuire avec l'épaule.

Sauté d'agneau aux légumes de printemps

PRÉPARER 1 kg de sauté d'agneau, 2 oignons, 3 carottes nouvelles, 1 grosse tomate, 1 bol de fèves épluchées, autant de petits pois, quelques cébettes, ail, huile d'olive, thym, romarin, sel et poivre.

Faire revenir les morceaux de viande avec l'oignon à l'huile d'olive dans une cocotte.

Ajouter les carottes coupées en rondelles, 4 gousses d'ail non épluchées, les herbes et la tomate. Assaisonner. Laisser cuire à couvert 45 minutes, en mouillant d'un peu d'eau ou de vin blanc si la viande attache.

Ajouter fèves, petits pois et cébettes épluchées et ciselées. Laisser cuire encore un quart d'heure.

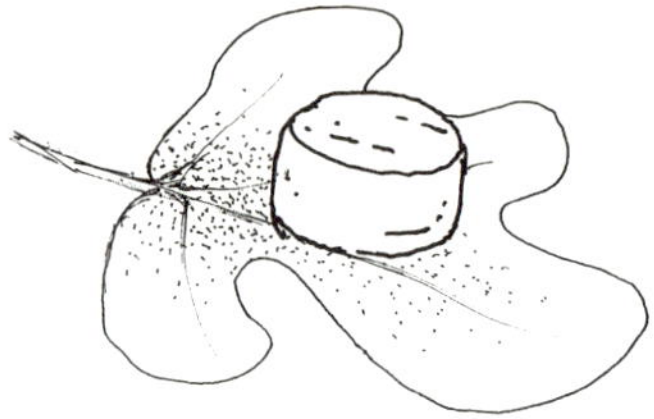

Ravioles au fromage de chèvre

UN PEU LONGUES À FAIRE, mais tellement bonnes les ravioles-maison méritent un peu d'effort !

Pour 8 douzaines de grosses ravioles, environ, il faut 1 livre de farine et 4 œufs et pour la farce, 1 livre d'épinards frais et 2 beaux fromages de chèvre, eux aussi très frais.

Préparer la pâte en versant la farine dans un saladier. Faire un puits et y casser les œufs. Ajouter une pincée de sel et juste assez d'eau pour obtenir une pâte souple et élastique. Ne pas trop travailler la pâte. La couvrir d'un torchon et la laisser reposer 1/2 heure.

Pendant ce temps faire blanchir à l'eau bouillante salée les épinards épluchés. Les égoutter et dès qu'ils ne sont plus chauds les presser dans les mains. Les mélanger avec les fromages de chèvre et assaisonner.

Couper la pâte en 4 parts. Abaisser chaque part au rouleau sur une planche bien farinée. En laisser 3 en attente. Quadriller la première part avec une règle, sans trop appuyer pour former des carrés de 3 cm de côté environ. Déposer une noisette de farce sur chaque carré. Recouvrir le tout délicatement d'une nouvelle abaisse de pâte et repasser la règle sur le quadrillage, en appuyant cette fois pour bien souder les bords. Découper à la roulette à pâtisserie ou à défaut au couteau.

Recommencer de la même façon avec les 2 parts de pâte restantes.

Bien fariner les ravioles pour qu'elles ne collent pas ensemble puis les faire cuire à grande eau salée 5 minutes environ. Égoutter et servir fumant avec juste un filet d'huile d'olive et du gruyère râpé.

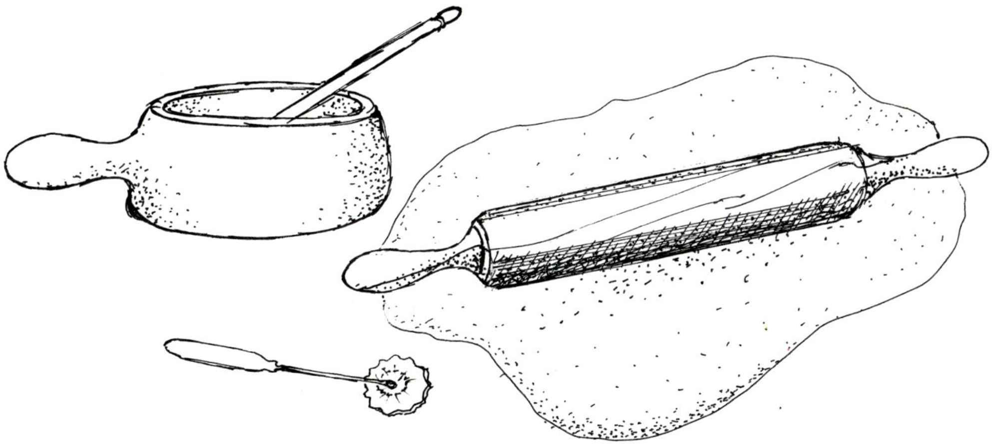

CHAPITRE SIXIÈME

Plats d'été

LES CIGALES assourdissent un air épais à force d'être chaud. Les paniers des marchés se font lourds de fruits charnus lestés de soleil. L'odeur du basilic froissé se mesure à celle des touffes immobiles des lavandes. Il est midi, plein soleil, plein sud. Provence plus Provence que jamais.

C'est l'été !

- *Tomates provençales,*
- *Tian de courgettes,*
- *Beignets de fleurs de courgettes,*
- *Flan de courgettes,*
- *Gratin d'aubergines,*
- *Daube d'aubergines,*
- *Ratatouille,*
- *Farcis de Provence,*
- *Poulet d'ail,*
- *Canard aux figues,*
- *Pâtes au pistou,*
- *Pan bagna.*

Tomates provençales

UN GRAND CLASSIQUE en Provence, tout simple et délicieux, à condition de ne pas hâter la cuisson.

Prévoir 1 grosse tomate par personne, 2 à 3 gousses d'ail, sel et poivre, persil, chapelure et huile d'olive.

Couper les tomates en deux et les épépiner. Les mettre à cuire à l'huile d'olive, côté coupé dans une grande poêle. Les retourner quand elles ont rendu leur eau, saler, poivrer et laisser cuire longtemps, jusqu'à près d'une heure à petit feu.

Dix minutes avant la fin de la cuisson, saupoudrer d'ail et de persil haché puis de chapelure.

Ces tomates accompagnent parfaitement les grillades ou plus simplement le riz.

Tian de courgettes

A PARTIR DE CE PLAT toutes les variantes sont possibles en mêlant aux courgettes les légumes de son choix.

Compter 1 courgette par personne avec sel, poivre, muscade, un peu de farine, huile d'olive et gruyère râpé.

Sans les peler, couper les courgettes en rondelles fines et les passer vivement dans la farine. Faire revenir à l'huile d'olive, assaisonner et verser dans un tian ou plat à four huilé. Recouvrir de gruyère râpé et faire gratiner au four.

Beignets de fleurs de courgettes

À L'ÉPOQUE où les courgettes abondent, on peut se permettre d'en prendre quelques fleurs. On en trouve d'ailleurs parfois sur les marchés.

Il faut à part les fleurs, pour la pâte à beignets : 200 g de farine, 2 œufs, un verre de lait, 1 pincée de sel et une autre de levure chimique. Il faut aussi de l'huile à frire.

Préparer la pâte à beignet en mélangeant les ingrédients ci-dessus dans un saladier et laisser reposer une demi-heure.

Ôter les queues des fleurs. Bien laver et essuyer.

Tremper les fleurs dans la pâte avant de les faire frire.

On procède de la même façon avec des bâtonnets de courgettes ou d'autres légumes.

Flan de courgettes

*P*RÉPARER *avec 1 kg de courgettes, 4 œufs, 1 verre de lait, 2 gousses d'ail pilées, 1 ciboule hachée, quelques feuilles de basilic ciselées, sel et poivre et gruyère râpé.*

Sans les peler, couper les courgettes en tronçons et les faire cuire à la vapeur.

Les écraser au pilon ou à la fourchette et les égoutter si besoin est.

Mélanger avec le restant des ingrédients mettre le tout dans un plat à four huilé et faire cuire 30 minutes à four chaud.

Ce flan se mange chaud ou froid.

Gratin d'aubergines

***P**OUR 2 GROSSES AUBERGINES, il faudra autant de tomates et d'oignons, 1 gousse d'ail, du parmesan et de la chapelure, huile d'olive, sel et poivre.*

Sans les peler, couper les aubergines en tranches fines dans le sens de la longueur. Les mettre à revenir à l'huile d'olive dans une cocotte. Ajouter, coupés en tranches, l'oignon puis la tomate et l'ail pilé. Assaisonner et laisser cuire trois quarts d'heure à couvert.

Dans un plat à four huilé, alterner couches de légumes et parmesan en finissant par la chapelure.

Faire gratiner au four et servir avec un filet d'huile d'olive crue.

Daube d'aubergines

PRÉVOIR pour 1 kg d'aubergines, 1 livre de tomates, 1 oignon, 1 côte de céleri, 1 tranche de petit salé et quelques gousses d'ail. Huile d'olive, thym, sel et poivre.

Faire revenir à l'huile d'olive dans une cocotte ou une daubière, l'oignon et le petit salé.

Ajouter les tomates coupées et les faire ramollir à la cuisson.

Mettre alors les aubergines non pelées, coupées en dés avec le céleri détaillé en petits morceaux, puis l'ail haché. Assaisonner. Laisser cuire doucement à couvert, en veillant à ce que les légumes n'attachent pas.

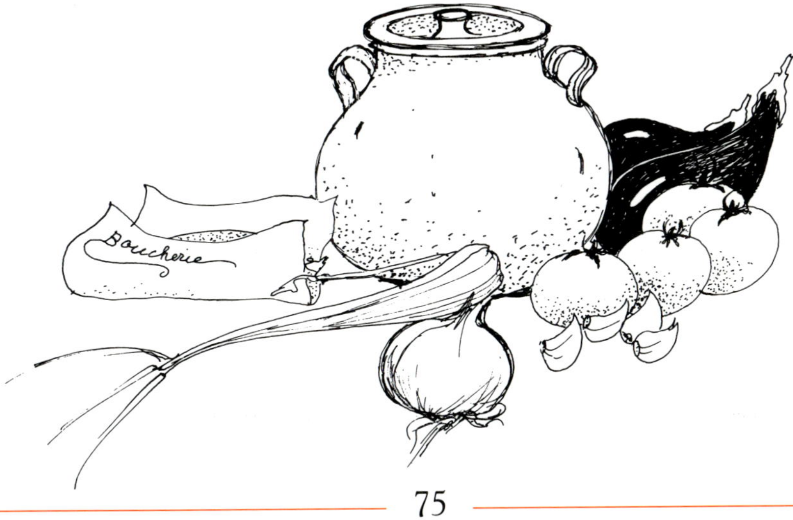

La ratatouille

LA *RATATOUILLE*, appelée aussi *Bohémienne*, bien que nul ne soit d'accord pour dire si oui ou non il y a une différence entre les deux plats, est par excellence le plat d'été de la Provence car elle y marie ses meilleurs produits.

Choisir donc, avec soin, 1 livre d'aubergines, autant de courgettes, 2 poivrons, 2 oignons et 1 kg de belles tomates. Il faudra encore 1 branche de thym, quelques gousses d'ail, poivre et huile d'olive.

Préparer les légumes : aubergines et courgettes non pelées et coupées en dés, oignons, poivrons et tomates en morceaux.

Faire chauffer l'huile dans une cocotte et ajouter les légumes séparément en les faisant revenir quelques instants chaque fois.

Commencer par les aubergines, puis ajouter dans l'ordre, poivrons, oignons, courgettes et pour finir, les tomates. Ajouter l'ail pilé, assaisonner et laisser mijoter 45 minutes environ.

La ratatouille accompagne avec bonheur toutes les grillades de viandes et de poissons mais aussi le riz et les pâtes.

Elle est tout autant délicieuse servie très froide en hors d'œuvre avec un filet d'huile d'olive crue et, pour ceux qui aiment, une feuille de menthe.

Farcis de Provence

VRAIE TRADITION PROVENÇALE, les légumes farcis sont un régal aussi bien pour l'œil que pour le goût.

Réunir des légumes de grosseurs semblables, de préférence, en choisissant parmi les tomates, aubergines, courgettes, poivrons, fenouils et oignons. Et pour la farce, 1 petit bol de riz cuit, autant de viande hachée (restes, chair à saucisse, etc.)***, 1 œuf, 1 sachet de parmesan et un bouquet d'herbes fraîches au choix, persil, ciboulette, estragon, etc.***

Ébouillanter les oignons quelques minutes puis, pour chaque légume, oignons compris, couper le haut comme un chapeau et réserver. Vider l'intérieur des légumes sans jeter la pulpe, sauf pour les poivrons qui seront seulement débarrassés de leurs graines.

Ranger les légumes dans un plat à four huilé et préparer la farce : faire revenir la viande hachée dans une poêle et y ajouter l'intérieur des légumes coupé finement. Hors du feu mélanger avec le riz, l'œuf, le parmesan et les herbes ciselées. Assaisonner.

Remplir les légumes de farce, remettre les chapeaux en place et faire cuire au four une heure environ.

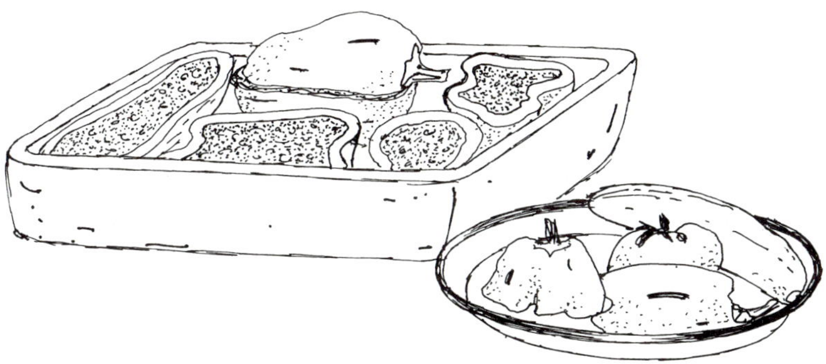

Poulet d'ail

LA RECETTE est si délicieusement simple même si elle paraît surprenante à ceux qui ne la connaisse pas.

Choisir un bon poulet et non moins d'une quarantaine de gousses d'ail. Sel et poivre, un peu d'huile d'olive, c'est tout.

Flamber le poulet vidé, saler et poivrer l'intérieur puis le remplir des gousses d'ail non épluchées. Refermer avec des cure-dents ou de la ficelle, badigeonner la volaille d'un peu d'huile d'olive, saler et poivrer à nouveau et cuire à bon four une heure trente.

Préparer des croûtes de pain pour y étaler l'ail fondu à l'intérieur de chaque gousse. (Voir ail en chemise page 23.)

Canard aux figues

PRÉVOIR 1 LIVRE DE FIGUES *pour un petit canard, 1 tranche de petit salé, un verre de vin blanc, sel et poivre.*

Couper finement le petit salé et le mélanger à la moitié des figues hachées grossièrement. Assaisonner puis fourrer le canard de ce mélange.

Ranger le canard dans un plat à four creux, avec le reste des figues tout autour. Mouiller avec le vin, assaisonner à nouveau et mettre à cuire, selon la taille du canard une heure ou plus à bon four.

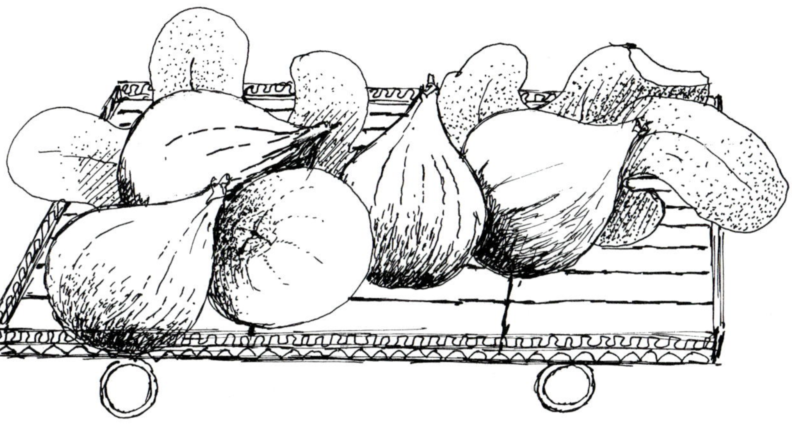

Pâtes au pistou

LES MEILLEURES PÂTES pour cette recette sont des pâtes larges et plates comme les tagliatelles.

Mieux encore, on pourra les faire soi-même en suivant la recette de la pâte à nouille utilisée pour les ravioles page 66.

Pour le pistou, c'est la recette de la page 17 qu'il faut suivre, mais certains gourmands, peut être d'origine normande, y mêleront dans ce cas de la crème fraîche.

Servir les pâtes brûlantes, cuites « al dente » dans chaque assiette avec une cuillerée de sauce au milieu et une branchette de basilic frais.

Pan bagna

CETTE RECETTE de « pain trempé » fera, accompagné d'une salade, un parfait déjeuner rustique ou, enveloppé de papier alu, un plat tout prêt pour le pique-nique.

Préparer par personne un petit pain rond, de l'ail, de l'huile d'olive, 2 filets d'anchois, 1 petite tomate coupée en tranche, 1/2 œuf dur, un peu de thon et quelques olives noires dénoyautées.

Couper le haut du pain comme un chapeau et ôter le plus gros de la mie. Frotter l'intérieur d'ail et arroser d'huile d'olive. Disposer le reste des ingrédients dans le pain et refermer.

CHAPITRE SEPTIÈME

Plats d'automne

LES CHEMINS sentent le sous-bois, la mousse et les feuilles mortes. On guette les premiers champignons, les nobles cèpes mais tous les autres aussi, les pieds-bleus, les trompettes ou les champignons de pin. En fin de saison il faudra surveiller l'olive pour la cueillir verte ou bien mûre.

- *Terrine de champignons en croûte,*
- *Canard aux olives,*
- *Pâtes aux olives,*
- *Lapin à la pèbre d'ail,*
- *Pâtes aux cèpes,*
- *Cailles en feuille de vigne,*
- *Rissoles,*
- *Tourte au potiron.*

Terrine de champignons en croûte

Essayer cette recette avec les champignons de son choix et même en mélange dit « forestier » en s'assurant seulement qu'ils soient tous bons ! Attention, ce plat se cuisine à l'avance, la veille par exemple, pour le manger bien froid.

Préparer une petite livre de champignons bien nettoyés, débarrassés de leurs parties dures et terreuses, lavés et essuyés, 2 gousses d'ail pilées et un peu d'huile d'olive. Il faudra aussi 1/4 de baguette de pain et un peu de lait, 2 œufs, 1 bol de viande hachée, moitié chair à saucisse moitié autre (veau, restes de volaille, etc.), 2 tranches de poitrine fumée, une fine et l'autre détaillée en lardons, 1 poignée d'épinards crus, grains de genièvre, sel et poivre. Pour la pâte, farine, beurre et huile d'olive.

Préparer la pâte comme pour la pissaladière page 33. Laisser reposer.

Pendant ce temps, mettre le pain écrasé à tremper dans du lait dans un grand saladier.

Faire revenir les champignons à la poêle avec l'huile d'olive et l'ail. Hacher un tiers de ces champignons, réserver le reste.

Presser le pain bien imbibé et jeter le trop de lait si besoin est.

Ajouter dans le saladier les œufs, la viande et les lardons, les champignons hachés, l'épinard coupé fin, 12 grains de genièvre concassés, sel et poivre et bien malaxer.

Étendre la pâte au rouleau et en tapisser une terrine beurrée. Y déposer la moitié de la farce, puis une couche de champignons, l'autre moitié de la farce et le reste des champignons. Terminer avec la tranche fine de poitrine fumée. Recouvrir le tout d'un couvercle de pâte, entaillé de 4 losanges pour laisser la vapeur s'échapper, décorer de restes de pâte et de grains de genièvre, passer un peu de lait sur l'ensemble du couvercle et mettre à four moyen, au bain-marie, une heure trente environ.

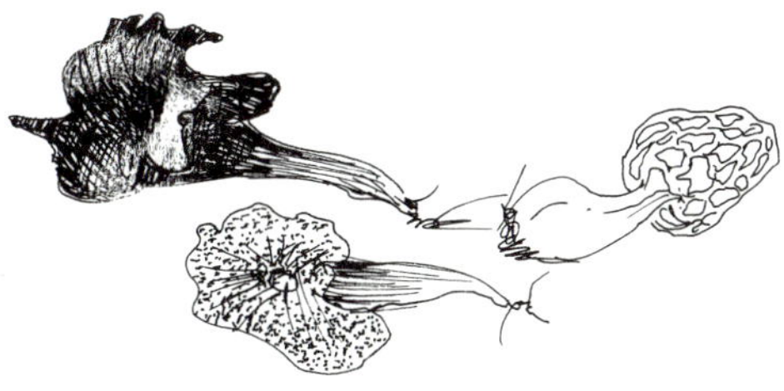

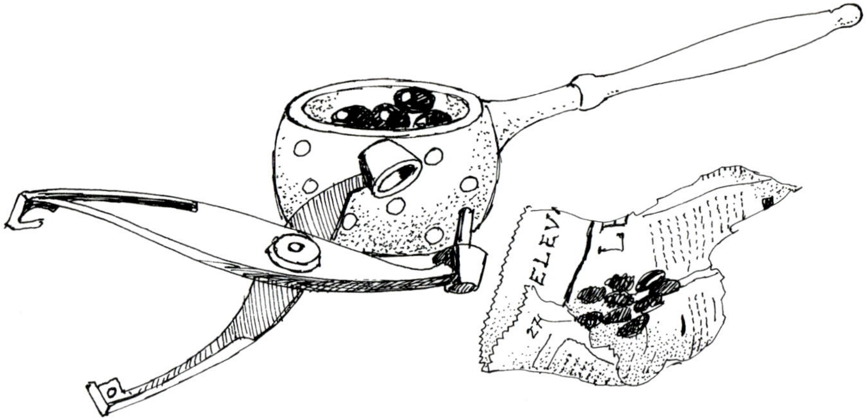

Canard aux olives

***PRÉVOIR UN PETIT CANARD**, un bol d'olives noires « à la provençale », 1 citron non traité, de l'huile d'olive, 1 verre de vin blanc, sel et poivre.*

Découper le canard en morceaux et le faire revenir à l'huile d'olive dans une cocotte. Dénoyauter les olives et les ajouter au fur et mesure.

Couper le citron, sans le peler, en tranches très fines et le jeter à son tour dans la cocotte.

Quand la viande est bien dorée, ajouter le vin blanc, assaisonner, couvrir et laisser cuire doucement une petite heure.

Pâtes aux olives

ON UTILISE POUR CETTE RECETTE des olives cassées un peu amères, brunes ou violettes et des pâtes courtes, pennes, coudes, macaronis coupés, par exemple. Il faut aussi de l'ail et de l'huile d'olive.

Commencer par dénoyauter les olives. Il en faut un bon bol pour un plat de 4 à 6 personnes, puis mettre les pâtes à cuire à grande eau salée.

Pendant ce temps, dans une sauteuse, faire revenir les olives à l'huile d'olive avec 2 ou 3 gousses d'ail hachées.

Quand les pâtes sont cuites « al dente » les égoutter et les ajouter dans la sauteuse.

Mélanger et servir.

Ce plat peut se préparer à l'avance et se réchauffe très bien.

Lapin à la pèbre d'aï

LA *PÈBRE D'AÏ* est le joli nom de la sarriette, une herbe qui s'entend bien avec le lapin.

Il faut pour cette recette 1 lapin coupé en morceaux avec le foie et les rognons, de l'huile d'olive, de la sarriette, de préférence fraîche, 4 à 6 branches, 1 petite tomate, 2 gousses d'ail, un filet de vinaigre, sel et poivre.

Faire dorer les morceaux de lapin dans une cocotte avec l'huile d'olive. Assaisonner, ajouter la sarriette et la tomate coupée en deux. Laisser cuire doucement à couvert une petite heure.

Placer les morceaux de lapin cuit, sur un plat tenu au chaud et ôter tomate et sarriette.

Hacher le foie et les rognons, écraser l'ail et jeter dans la cocotte. Remettre à feu vif, piler le tout une à deux minutes, ajouter le filet de vinaigre et verser cette sauce brûlante sur le lapin.

Pâtes aux cèpes

*S*ELON LEUR GROSSEUR, *préparer un cèpe pour une ou deux personnes, ail, huile d'olive et persil et pâtes plates de préférence, genre tagliatelles ou encore spaghettis.*

Nettoyer les cèpes parfaitement et réserver les beaux morceaux des chapeaux. Hacher le reste finement et écraser l'ail.

Pendant la cuisson des pâtes, faire revenir dans deux poêles, d'une part le hachis de champignons et l'ail et d'autre part les morceaux de chapeau coupés en tranches. Assaisonner et saupoudrer de persil finement coupé.

Présenter sur chaque assiette, les pâtes bien égouttées, une cuillerée de hachis et quelques tranches de cèpe.

Servir avec un filet d'huile d'olive crue.

Cailles en feuille de vigne

LES CAILLES se chassent aisément au supermarché mais elles seront plus fines chez un bon volailler, voire chez quelque chasseur impénitent. Les grives et autres petits oiseaux s'accommoderont aussi de cette recette.

Compter 1 à 2 cailles par personne et autant de feuilles de vigne bien saines et de tranches fines de poitrine fumée.

Pour la farce, il faut le foie des cailles, 3 grains de genièvre par oiseau, des lardons coupés fin et un peu d'échalote hachée, sel et poivre.

Il faudra encore 1 verre de vin blanc, des tranches de pain de campagne, de l'ail et de l'huile d'olive.

Préparer la farce en mélangeant les foies coupés, l'échalote, les lardons et les grains de genièvre écrasés. Assaisonner.

Flamber les cailles et les fourrer avec la farce puis les enrouler d'abord d'une feuille de vigne, ensuite d'une tranche de poitrine fumée. Ficeler.

Faire revenir les oiseaux dans une cocotte avec l'huile d'olive. Mouiller de vin blanc et laisser cuire à couvert de 20 à 30 minutes.

Au moment de servir, faire dorer les tranches de pain frottées d'ail et poser chaque caille sur une de ces tranches.

Rissoles

CETTE RECETTE permet d'utiliser les restes de viande et même de légumes et se sert avec une salade verte et croquante.

Il faut de la pâte feuilletée toute prête et de l'huile de friture et, pour la farce, des restes de viande, légumes, champignons, etc., 1 œuf pour la lier, quelques cébettes ou oignons blancs, 1 bouquet de persil, sel et poivre.

Préparer la farce dans un saladier en mélangeant tous les ingrédients hachés finement.

Par ailleurs, étaler la pâte feuilletée et la découper en cercles avec un verre large ou un petit bol (7 cm de diamètre environ). Mettre une cuillerée à soupe de farce sur la moitié de chaque cercle et refermer comme un chausson en mouillant les bords de la pâte pour les souder.

Frire à la poêle quelques minutes de chaque côté.

Égoutter sur du papier absorbant avant de servir.

Tourte au potiron

PRÉVOIR 1 kg de chair de potiron, 1 oignon, 3 œufs, gruyère râpé, noix de muscade, sel et poivre et pour la pâte, farine, beurre et huile d'olive.

Préparer une pâte brisée comme pour la pissaladière (voir page 33) et laisser reposer.

Pendant ce temps, éplucher le potiron et le couper en cubes. Le faire cuire avec peu d'eau salée et l'oignon haché jusqu'à ce qu'il soit tendre.

Égoutter, écraser la chair et la mélanger aux œufs et au gruyère. Assaisonner.

Étaler la pâte au rouleau et en garnir un moule beurré. En garder un tiers environ en réserve. Remplir avec le potiron préparé. Décorer avec des rubans de pâte entrecroisés.

Cuire à four moyen 40 minutes.

CHAPITRE HUITIÈME

Plats d'hiver

AUX GRANDES CHEMINÉES, flambent les sarments de vigne. Les santons se préparent à sortir des armoires pour fêter la Noël et son « gros souper ».

On cueille au jardin l'orange et le mimosa.

On sait que par ici l'hiver n'est pas trop long. Juste le temps de profiter de ses réjouissances.

– ***La daube,***
– ***Macaronade,***
– ***Rôti de porc au pastis,***
– ***Alouettes sans tête,***
– ***Pot au feu provençal,***
– ***Brigadèou et panisses.***

La daube

EXISTERAIT-IL autant de variantes de cette recette que de familles provençales ?

Voici la nôtre.

Préparer 2 kg de bœuf, gîte à la noix, plat de côtes, jarret, coupés en gros morceaux. Pour la marinade, 1 litre de vin rouge, 1 verre de vinaigre, 2 oignons, 3 carottes, bouquet garni, branche de romarin et grains de poivre.

Il faudra encore pour la cuisson du plat, de l'huile d'olive, une poignée de lardons, 2 oignons, 3 à 4 gousses d'ail, le zeste d'un tiers d'orange et autant de citron et du sel.

De préférence, préparer la daube la veille. Plus elle cuira, refroidira et sera réchauffée, meilleure elle sera. C'est un plat idéal à faire en hiver, sur le coin d'une cuisinière à bois ou à charbon. La daube embaumera la maison tout au long de la cuisson.

Cinq ou six heures au moins à l'avance, mettre les morceaux de viande à mariner avec le vin, le vinaigre, oignons, carottes, herbes et poivre.

Dans la daubière, ou à défaut une bonne cocotte, faire revenir les lardons avec les oignons frais coupés grossièrement. Égoutter la viande, (sans jeter la marinade !) et la mettre à revenir dans la daubière. Verser alors la marinade sur le tout. Ajouter l'ail écrasé, les écorces de fruits et un demi litre d'eau chaude.

Couvrir et laisser cuire au moins quatre heures.

La daube se sert impérativement avec la macaronade (voir page suivante) mais elle est tout aussi savoureuse avec des pommes de terre vapeur persillées.

Macaronade

Il FAUT, ***avec les macaronis, du jus de daube, ou, à défaut et à l'extrême rigueur, le jus d'un autre plat de viande, du gruyère râpé*** *(un sachet ou un bol)*, ***de la chapelure et un peu de beurre.***

Faire cuire les macaronis cinq minutes dans l'eau salée, les égoutter et les mélanger au gruyère râpé. Verser dans un plat beurré allant au four et arroser du jus de daube. Saupoudrer de chapelure et de quelques noisettes de beurre par dessus.

Mettre au four une dizaine de minutes.

Rôti de porc au pastis

IL FAUT UN BEAU ROTI DE PORC, 1 oignon et 1 bol de coulis de tomate (page 20) et pour la marinade, 1 verre de pastis, (voir anisette page 134) 1 verre d'huile d'olive, 1 oignon piqué d'un clou de girofle, 3 feuilles de sauge, sel, poivre et quelques grains d'anis.

Trois heures à l'avance, mettre à mariner le rôti.

L'égoutter et le faire dorer dans une cocotte avec un peu d'huile d'olive.

Ajouter la marinade et le coulis de tomate, et laisser cuire à couvert une heure trente.

Ce plat réussit bien en autocuiseur et cuit ainsi plus rapidement.

Alouettes sans tête

S I CES ALOUETTES ont perdu la tête, c'est qu'elles ne sont en fait que des paupiettes !

Pour 6 personnes, il faut 800 g de bœuf, dans le paleron, la noix de bœuf ou le rond de veine.

Pour la farce, 250 g de poitrine de porc, 6 gousses d'ail, un bouquet de persil, sel et poivre. Pour la cuisson, huile d'olive, 2 oignons, 1 verre de vin blanc, ou rouge, autant de coulis de tomate, (voir page 20) ***et un bouquet garni.***

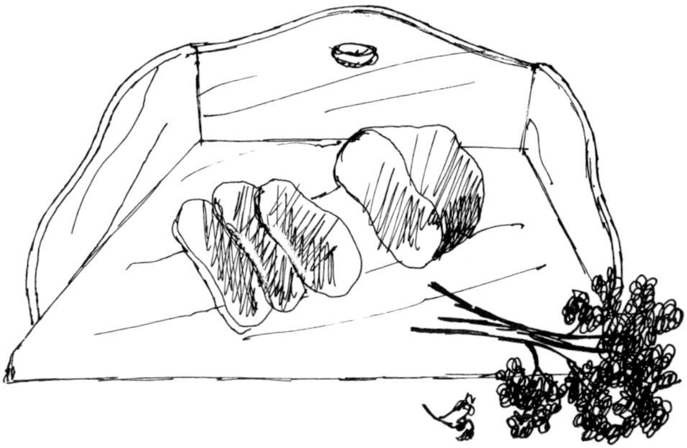

Découper le bœuf en 12 tranches fines (2 par personne). S'il en reste un peu, le hacher pour la farce et préparer cette farce : hacher le porc, l'ail et le persil, assaisonner et bien mélanger.

Répartir la farce sur chaque tranche de bœuf, rouler la viande et ficeler en croix.

Faire dorer les alouettes à l'huile d'olive dans une grande cocotte avec les oignons coupés en morceaux. Mouiller avec le vin, ajouter le bouquet garni et le coulis de tomates.

Laisser cuire tout doucement au moins deux heures.

Ce plat se sert traditionnellement avec des pommes de terre cuites à la vapeur, salées poivrées et arrosées d'un filet d'huile d'olive crue.

Pot au feu provençal

CE PLAT RÉUSSIT BIEN EN AUTOCUISEUR, ce qui permet de réduire le temps de cuisson, mais en s'y prenant à l'avance, on pourra aussi le dégraisser ce qui le rendra plus digeste.

Prévoir une bonne livre de bœuf, plat de côtes ou paleron, autant de mouton, 2 à 3 os à moelle, autant d'oignons piqués de 2 clous de girofle, 6 carottes, 2 branches de céleri, 2 gousses d'ail, 3 blancs de poireaux, une poignée de pois chiches trempés depuis la veille, bouquet garni, grains de poivre et de genièvre, sel et 6 pommes de terre.

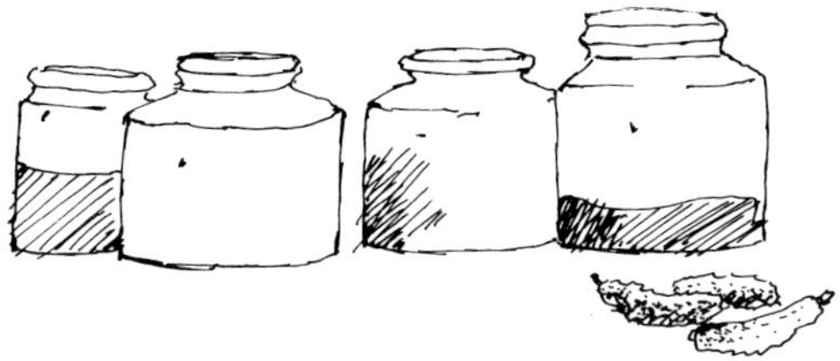

Mettre la viande à cuire à l'eau froide, salée modérément dans un grand faitout.

Pendant ce temps, éplucher et préparer les légumes, sauf les pommes de terre, en les coupant en gros morceaux.

Quand l'eau bout fortement, écumer puis ajouter les légumes, le bouquet garni et les grains de poivre et de genièvre.

Laisser cuire de 2 à 3 heures.

À ce moment, si le temps ne presse pas, mettre le faitout (muni de son couvercle et recouvert d'une grosse pierre) au dehors à refroidir pour pouvoir ensuite en retirer la graisse figée.

Ceci étant fait, remettre le pot au feu à cuire 20 minutes encore avec les pommes de terre épluchées et coupées en deux.

Servir avec une petite jatte de cornichons et une autre de gros sel, et des tranches de pain grillé pour y tartiner la moelle.

Les restes de légumes, passés au mixer avec le bouillon, font un potage excellent.

Brigadeou

C'EST LA BOUILLIE DU PAUVRE. Considéré comme un « mets très vulgaire de la cuisine des campagnes » dans les livres de cuisine respectables, c'est un plat néanmoins savoureux.

Le brigadèou se fait avec de la farine de pois chiches (en vente sur les marchés avec les olives et la morue) ou encore de la semoule de maïs ou polenta, il prend alors le nom de poulinte.

Il en faudra 250 g pour un petit litre d'eau, du sel et quelques grosses cuillerées d'huile d'olive.

Mettre l'eau salée à bouillir avec l'huile d'olive. Hors du feu, y jeter la farine en pluie sans cesser de tourner en essayant d'éviter les grumeaux. Laisser cuire une vingtaine de minutes, sans cesser de tourner. Il était d'usage autrefois de tourner avec une branchette de laurier en place de cuillère en bois.

Le brigadèou se sert tel quel en compagnie d'une salade, avec un filet d'huile d'olive crue ou un coulis de tomate bien relevé.

On peut encore le faire gratiner au four avec du gruyère râpé.

Panisses

LES PANISSES se font à partir d'un brigadèou bien ferme, cuit avec un peu moins d'eau ou un peu plus longtemps, et mis à refroidir dans des petites écuelles. Démouler alors les panisses et les faire frire quelques minutes à l'huile bouillante jusqu'à ce qu'elles deviennent dorées et croustillantes.

On peut aussi verser la bouillie dans un grand plat et, après refroidissement, y découper des losanges qui seront frits de la même façon.

CHAPITRE NEUVIÈME

Autour du fromage

SI LA PROVENCE n'est pas, à proprement parlé, un pays de fromage, on y trouve en abondance une belle variété de fromages de chèvre.

Crottins, picodons, pelardons, banons... D'un nom à l'autre, d'un village à l'autre, les saveurs diffèrent.

Et ce petit chèvre, à lui tout seul, vaut bien la peine qu'on en fasse... tout un fromage.

- *Le chèvre versatile,*
- *La brousse,*
- *Crottins à l'huile d'olive,*
- *Cachaï.*

Le chèvre versatile

POUR BIEN LE RECONNAÎTRE ET L'APPRÉCIER, il faut bien le goûter. Savoir par exemple que les meilleurs *banons* ne se trouvent qu'à Banon et que chaque fromager a son propre savoir-faire.

C'est en musardant sur les marchés, en frappant aux portes des vieilles bergeries sous la pancarte « ici, fromages de chèvre » que l'on trouvera, fait à cœur, le fromage de son cœur.

Enfin il faut savoir qu'à chaque degré de maturité, le fromage trouvera son usage :

– **À l'apéritif,** épicer le fromage très frais de poivre moulu et le mélanger avec une poignée d'herbes vertes ciselées, persil, ciboule etc.

Le servir sur des tartines ou dans le creux de branches de céleri ou encore dans des tomates-cerises évidées.

– **En sauce de crudités,** mélanger le fromage très frais avec un yaourt et un filet d'huile d'olive crue.

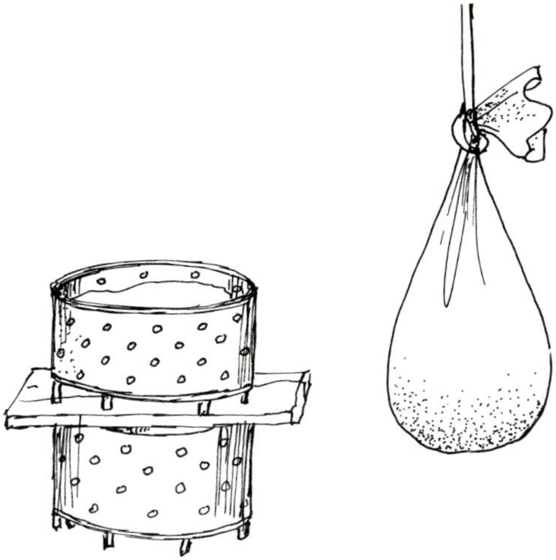

– **En omelette,** émietter un fromage frais dans les œufs battus avant de les faire cuire.

– **En farce,** le fromage frais fera la liaison avec épinards et restes de viandes pour farcir des ravioles (voir page 62), légumes, champignons, etc.

– **En salade,** le choisir presque sec et le couper en tranches dans la sauce, ou le préparer sur roustide. Pour cela, placer, par personne, un fromage sur une tranche de pain de campagne et enfourner quelques minutes sous le gril, puis disposer sur chaque assiette de salade.

– **En fromage,** enfin, le choisir moelleux, crémeux ou jusqu'à sec en le présentant sur des feuilles de vigne ou de figuier. Décorer chaque fromage d'un brin de sarriette, d'une olive noire ou encore d'un anchois roulé ou de quelques grains de genièvre.

La brousse

COUSINE du *brocciu* corse et de la *ricotta* italienne, la brousse est une tomme fraîche, à peine caillée, de lait de chèvre ou de brebis.

On la trouve sur les marchés ou chez le crémier, mais c'est amusant d'essayer de la faire soi-même.

Acheter un peu de présure ou sinon utiliser du lait déjà caillé et demander 1 litre de lait de chèvre à la bergerie du coin. Prévoir aussi du vinaigre blanc et de la mousseline à beurre à moins de posséder des moules à fromage.

Faire chauffer le lait de préférence dans un poêlon de terre ou sinon dans une casserole émaillée. Arrêter le feu avant le premier bouillon et laisser tiédir. Ajouter une cuillerée à café de présure et autant de vinaigre. Mélanger puis laisser cailler le lait dans un endroit chaud jusqu'à ce que le fromage se décolle du bord du poêlon quand on l'incline.

Verser dans une passoire tapissée d'un carré de mousseline et laisser égoutter.

Pour un fromage un peu plus sec, nouer les quatre coins de la mousseline avec une ficelle et suspendre quelques heures au-dessus de l'évier.

La brousse se mange nature légèrement salée ou, en dessert, sucrée au miel avec des amandes pilées.

Crottins
à l'huile d'olive

CETTE RECETTE affine encore, si besoin était, le goût des fromages de chèvre. Elle permet aussi d'utiliser des crottins un peu trop secs.

Prévoir un à plusieurs bocaux pas trop grands, sarriette, laurier, thym, 2 à 3 piments « langue d'oiseau » par bocal, grains de poivre etc., huile d'olive à volonté et assez de fromages, plutôt secs, pour remplir les bocaux.

Les bocaux doivent être parfaitement propres et secs. Y ranger les fromages en alternance avec les aromates et recouvrir d'huile d'olive.

Fermer les bocaux et attendre un mois avant de consommer.

Cachaï

La « CACHAÏ» EST UN FROMAGE FERMENTÉ, fait le plus souvent avec des restes de fromage.

Il faut un bon pot de terre avec couvercle, du marc de Provence, sel et poivre, quelques herbes au choix et des fromages de chèvre et de brebis.

Piler les fromages au fond du pot avec un verre de marc en assaisonnant bien. Fermer le couvercle et attendre au moins une semaine avant de goûter et de prélever la quantité voulue.

Ce fromage devient rapidement très fort, ce qui n'est pas pour rebuter les amateurs qui le savourent sur du pain avec un oignon cru !

Continuer à « nourrir » le pot de cachaï au fur et à mesure avec les restes de fromage émiettés et pilés dans la masse, et ajouter chaque fois quelques gouttes de marc.

CHAPITRE DIXIÈME

Desserts et sucreries

LES RICHES FRUITS DE PROVENCE mûrissent au verger, sucrés et chauds pour se confire bientôt, devenir spécialité régionale et bonifier les gâteaux. Les amandes se font calissons ou nougats et les desserts se mettent à treize pour préparer la Noël.

Qui pourrait se refuser une petite douceur ?

- *À propos des treize desserts,*
- *Nougat noir,*
- *Pompe à l'huile,*
- *Couronne des rois,*
- *À propos des fruits,*
- *Fruits confits,*
- *Millasson,*
- *Navettes,*
- *Cocos d'anis,*
- *Oreillettes,*
- *Chichi- fregis.*

RAI
SEC
PIGNO
DATTES

À propos des treize desserts

C'EST LA TRADITION, la veille de Noël, avant la messe de minuit, de faire le gros souper « lou gros soupa ». Un repas maigre, sans viande mais festif, de morue, escargots, aïoli, etc. et pour le clore, les fameux treize desserts auxquels personne n'échappe !

En premier lieu, il y aura la pompe à l'huile, une fougasse que l'on trempera dans le vin cuit. Des fruits frais, il en faut quatre : pomme, poire, orange et grenade par exemple. Des fruits secs, il en faut cinq : ce sont les mendiants, à choisir parmi noix, noisettes, figues sèches, dattes, raisins de Corinthe, pistaches. Il faut encore du nougat, blanc ou noir, des pâtes de fruits, des fruits confits ou des confitures.

Nougat noir

Il SUFFIT D'UN POT DE MIEL (500 g), autant d'amandes et un filet de jus de citron pour réussir le nougat noir. Prévoir aussi du papier sulfurisé qui sera beurré ou plus traditionnellement une feuille d'oubli ou d'hostie et un petit moule rectangulaire.

Hacher la moitié des amandes. Découper le papier aux dimensions du moule. Le papier d'hostie sera humecté avant d'être placé dans le moule et le papier sulfurisé généreusement beurré ou huilé.

Faire chauffer le miel dans une casserole à fond épais en tournant sans arrêt jusqu'à ce qu'il ne devienne qu'un bouillonnement de couleur paille. Y jeter les amandes entières et hachées avec le filet de citron.

Continuer à remuer une quinzaine de minutes jusqu'à ce que la couleur devienne caramel, les amandes pétillent, le nougat est prêt.

Stopper le feu et tourner encore quelques minutes puis verser dans le moule. Laisser durcir au frais et couper le nougat en morceaux.

Pompe à l'huile

PRÉPARER À L'AVANCE 500 g de farine, 15 cl d'huile d'olive, 25 g de levure de boulanger, 100 g de sucre, une grosse cuillerée d'eau de fleur d'oranger, une pincée de sel et, si on veut, un peu de zeste d'orange râpé ou de grains d'anis.

La veille, diluer la levure à l'eau tiède et y ajouter 125 g de la livre de farine. Mélanger et laisser au chaud toute la nuit. Ce sera le levain.

Le lendemain faire un puits dans le reste de la farine et y incorporer l'huile d'olive, le sucre, le sel, l'eau de fleur d'oranger et le levain, avec éventuellement l'orange ou l'anis. Bien pétrir la pâte sur une planche farinée. Elle doit être souple, homogène et ne plus coller aux doigts.

Recouvrir la pâte d'un torchon et laisser lever au chaud pendant une heure.

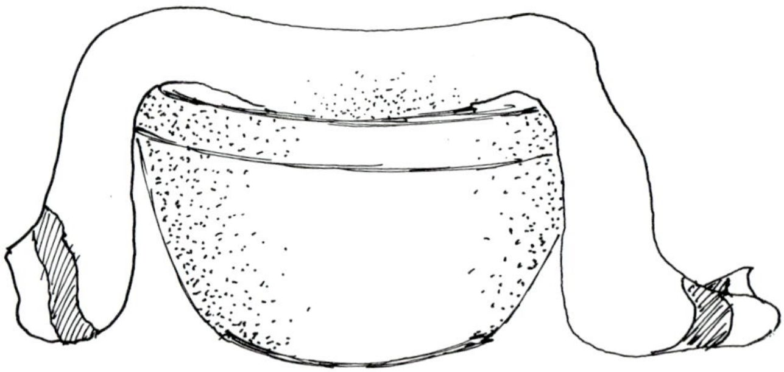

Pétrir à nouveau la pâte, l'étaler à la main et y faire quatre à six entailles avec un couteau. Poser délicatement sur la plaque du four beurrée et farinée, recouvrir d'un linge et laisser lever à nouveau une heure ou deux.

Enfourner à four chaud de 20 à 25 minutes.

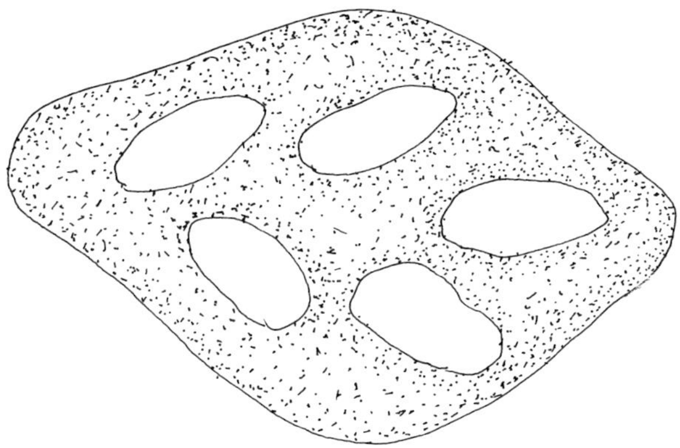

Couronne des rois

C'EST LE GATEAU PROVENÇAL DE L'ÉPIPHANIE. Il est aux fruits confits et sans frangipane, mais il a bel et bien la fève.

Prévoir 500 g de farine, 20 g de levure de boulanger, 100 g de sucre, 3 œufs, 100 g de beurre mou et une pincée de sel, une barquette de fruits confits et une fève.

Mettre le beurre à ramollir et délayer la levure dans un peu d'eau tiède plutôt chaude.

Verser la farine dans un saladier et y ménager un puits. Y casser les œufs, ajouter le sucre et le beurre mou en petits morceaux avec le sel. Commencer à mélanger en ajoutant peu à peu la levure. Pétrir la pâte sur une planche farinée. Elle doit devenir souple, homogène et ne plus coller aux doigts. Recouvrir la boule de pâte d'un linge et laisser lever au chaud pendant une heure.

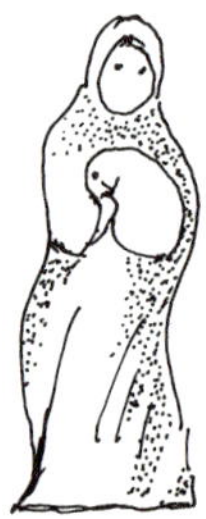

Pétrir la pâte à nouveau. La rouler en boudin en y incorporant la moitié des fruits confits qui auront été hachés. Fermer le boudin en couronne et y glisser la fève.

Déposer la couronne sur la plaque du four beurrée et farinée, recouvrir d'un linge et à nouveau laisser lever dans un endroit chaud, une heure ou deux.

Cuire la couronne à bon feu une petite demi-heure. Décorer aussitôt du reste des fruits confits et si on veut de quelques perles de sucre.

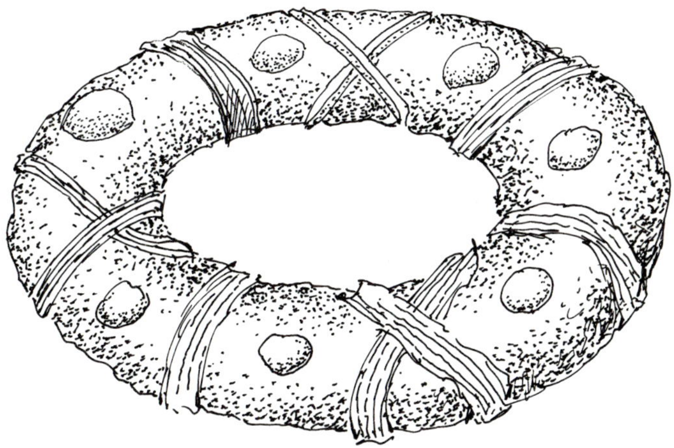

A propos des fruits

LES FRUITS sont toujours magnifiques en Provence mais certains lui vont particulièrement bien comme les melons et les pastèques, les figues et tous les raisins de table.

On s'en régale, nature, à toute heure, choisis glacés au réfrigérateur ou au contraire encore tièdes de soleil, mais ils s'accommodent aussi en desserts subtils et multiples dont voici quelques idées.

– **Les melons** se servent en salade, coupés en petits dés et mêlés de framboises, arrosés de vin d'orange (voir page 138) ou de sirop de framboise et présentés, bien sûr, dans des écorces de melons.

– **La pastèque** fera de même avec diverses variétés de grains de raisins.

– **Les poires** se cuisent au vin rouge avec sucre et cannelle une petite heure.

– **Les abricots** en tartes, ouverts en deux, posés peau vers le bas sur une pâte brisée, saupoudrés de sucre et mis à cuire à four chaud une vingtaine de minutes.

– **Les pommes, les coings** se font en compote servie chaude avec, pourquoi pas, une glace à la vanille.

Fruits confits

SPÉCIALITÉ PROVENÇALE, il faut goûter les fruits confits d'Apt. À Carpentras, Aix-en-Provence aussi, Beaumes-de-Venise et ses abricots, Cotignac et ses figues ou encore à Nice où se vend la confiture de fruits confits !

La préparation à la maison est longue et délicate. En voici le principe :

Les fruits sont choisis sains, à peine mûrs, lavés, blanchis et égouttés.

Il faudra ensuite leur faire subir une douzaine de brèves cuissons tous les deux jours environ, dans un sirop de sucre à 15° au pèse-sirop le premier jour, augmenté chaque fois de 2 à 3° pour arriver jusqu'à 32°.

Les fruits seront alors égouttés une dernière fois et rangés amoureusement dans des caissettes en papier.

Millasson

CE DESSERT RUSTIQUE, facile et rapide à préparer, se fait à l'origine avec de la farine de millet, remplacée plus souvent par de la farine de maïs.

Il faut 100 g de farine de maïs, 200 g de sucre, 4 œufs, le zeste haché d'une orange et 3/4 de litre de lait.

Faire chauffer le lait.

Mélanger dans un saladier le sucre et la farine avec l'orange. Incorporer les œufs et verser par dessus le lait bouillant en délayant bien le tout.

Beurrer un moule plat et mettre à cuire à four chaud une vingtaine de minutes.

Servir saupoudré de sucre en poudre.

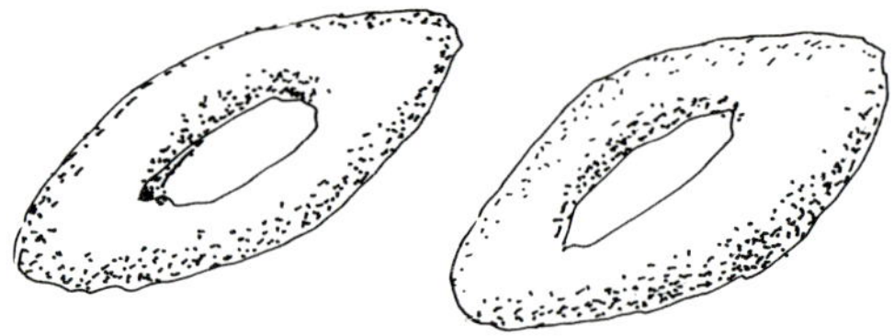

Navettes

IL FAUT AVOIR SOUS LA MAIN 500 g *de farine,* 250 g *de sucre en poudre, une pincée de sel,* 50 g *de beurre mou,* 1/2 *verre d'eau de fleur d'oranger,* 3 *œufs et* 20 g *de levure de boulanger.*

Diluer la levure dans un peu d'eau tiède.

Mettre la farine dans un saladier et y faire un puits. Y verser les œufs et en mélangeant, le sucre, le beurre en petits morceaux, la fleur d'oranger, le sel et la levure. Pétrir en une belle pâte et, comme pour les recettes précédentes, laisser lever et pétrir à nouveau puis faire des boudins avec la pâte.

Couper ces boudins en tronçons de 6 cm environ, les aplatir légèrement et pincer les extrémités en pointe. Faire une fente au couteau au milieu de ces petites barquettes et les placer sur la plaque du four beurrée et farinée à lever au chaud encore une heure.

Dorer les navettes au lait ou au jaune d'œuf, enfourner à four moyen et laisser cuire 15 minutes en surveillant la cuisson.

Cocos à l'anis

PRÉPARER 250 g de sucre, autant de farine, 2 œufs, une pincée de sel et 12 g de grains d'anis.

Travailler le sucre avec les œufs dans un saladier puis ajouter la farine, le sel et l'anis.

Pétrir la pâte et l'aplatir au rouleau.

Découper des cercles avec un verre et ranger les galettes sur la plaque du four beurrée.

Cuire à four assez doux de 20 à 30 minutes, jusqu'à ce que les bords des cocos blondissent.

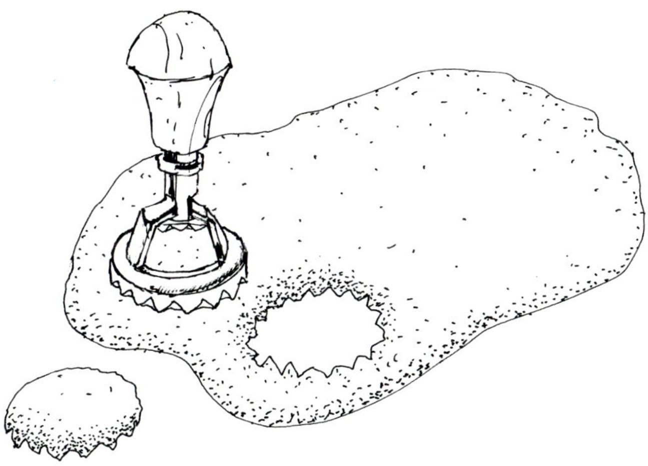

Oreillettes ou merveilles

***IL FAUT** 500 g de farine, 4 œufs, 1/2 verre de sucre en poudre, autant d'huile d'olive et d'eau de fleur d'oranger, 1/2 paquet de levure chimique sans oublier une pincée de sel et de l'huile à frire.*

Verser la farine dans un saladier en y ménageant un puits. Y verser le reste des ingrédients pour former une belle pâte souple qui devra reposer deux heures sous un torchon.

Étaler au rouleau en une couche fine, fine.

Découper à la roulette, des rectangles en biseaux fendus au milieu ou torsadés.

Faire frire à grande friture quelques secondes et servir les oreillettes saupoudrées de sucre glace ou en poudre.

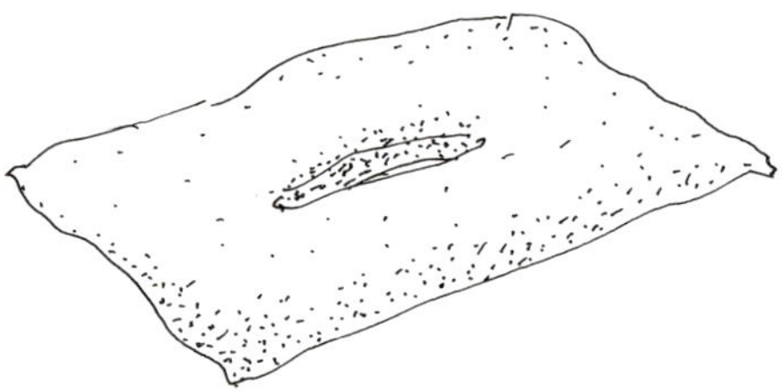

Chichis fregis

PRÉPARER DE L'HUILE À FRIRE et, pour la pâte, 1 livre de farine, 1/2 paquet de levure chimique, une pincée de sel, 2 cuillerées à soupe d'eau de fleur d'oranger et une autre de sucre en poudre.

Mélanger farine, levure, sucre et sel, et mouiller avec l'eau de fleur d'oranger et assez d'eau tiède pour faire une pâte souple.

Laisser reposer une heure sous un torchon. Former des boudins qui seront jetés dans l'huile bouillante.

Égoutter sur du papier absorbant et rouler dans le sucre.

CHAPITRE ONZIÈME

Boissons de ménage et confitures

AUX ÉTAGÈRES BIEN RANGÉES s'alignent les flacons bouchés, les pots de confiture.

Provisions de petits bonheurs étiquetés à la main.

Joie d'un matin, d'un apéritif ou d'une liqueur du soir.

Cadeau pour un ami qui passe.

- *Anisette,*
- *Sirop d'orgeat,*
- *Rinquinquin,*
- *Vin de sauge,*
- *Eau de sauge,*
- *Vin d'orange,*
- *Ratafia de genièvre,*
- *Confiture d'orange amère,*
- *Marmelade de melon,*
- *Gelée de mures,*
- *Confiture de figues.*

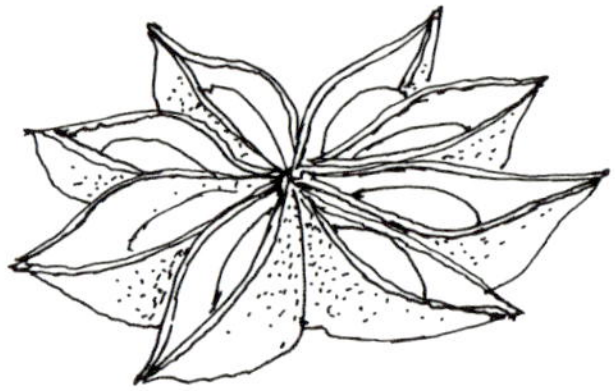

Anisette

CE PASTIS-LÀ n'aura pas de grand nom sur sa belle étiquette, mais il aura le mérite d'être « fait maison ».

Mettre dans une bouteille à col large 50 g de grains d'anis et quelques grains d'anis étoilé (badiane), un bâton de réglisse, une branchette de fenouil et une écorce de cannelle.

Recouvrir d'un litre d'eau de vie et laisser macérer un mois. Filtrer.

À ce stade, on peut laisser l'anisette telle quelle ou l'additionner d'un verre de sirop fait de 250 g de sucre cuit dans un verre d'eau.

Mettre en flacons.

L'anisette se sert à l'apéritif, bien sûr, allongée d'eau, mais elle parfume aussi les plats, pâtisseries diverses ou même le rôti de porc (voir page 101).

Sirop d'orgeat

IL FAUT 500 g d'amandes et 100 g d'amandes amères, 500 g de sucre et 1/2 verre d'eau de fleur d'oranger.

Jeter les amandes dans l'eau bouillante, éteindre le feu et laisser deux minutes.

Égoutter et retirer les peaux. Une simple petite pression suffit pour déshabiller l'amande.

Passer les amandes au mixer en ajoutant progressivement un filet d'eau jusqu'à deux litres pour obtenir un lait d'amande. Mixer encore avec l'eau de fleur d'oranger. Filtrer le mélange, le mettre au bain-marie avec le sucre jusqu'à ce que ce dernier soit fondu.

Mettre en flacons bien bouchés dans un endroit frais.

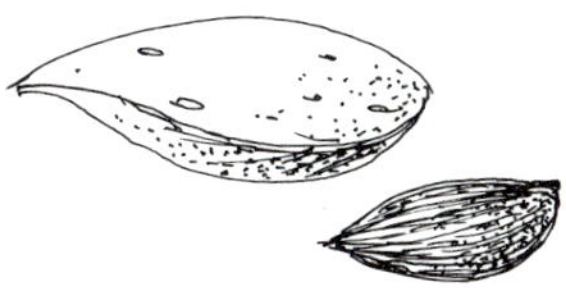

Ringuinguin ou vin de pêche

CUEILLIR 40 feuilles de jeune pécher non traité.

Les faire macérer dans un grand bocal avec 40 morceaux de sucre, 2 litres de bon vin rouge et un verre de marc.

Laisser reposer 40 jours à l'ombre avant de filtrer et de mettre en flacons.

Vin de sauge

TONIQUE ET VIVIFIANT, il se sert à l'apéritif et n'est pas sans rappeler certains vins grecs.

Mettre dans une bouteille de bon vin blanc, une branchette de sauge et trois cuillerées à soupe de miel liquide. Boucher.

Attendre trois semaines avant d'y goûter.

Eau de sauge

POUR CETTE COUSINE plus corsée du vin ci-dessus, la sauge est macérée cette fois dans l'eau de vie. Huit jours plus tard, l'eau de vie filtrée est mélangée à autant de sirop de sucre.

Vin d'orange

C'EST UN CLASSIQUE, UN VRAI DÉLICE, à ne préparer, bien sûr, qu'avec les oranges non traitées du jardin.

Mettre à macérer dans un grand bocal, une orange amère et une orange douce coupées en morceaux, un quartier de citron, un litre de vin blanc ou rosé, un verre de marc de Provence, 200 g de sucre en poudre et, au choix pour parfumer, un bâton de vanille ou une écorce de cannelle.

Laisser 40 jours sans y toucher. Filtrer et mettre en flacons.

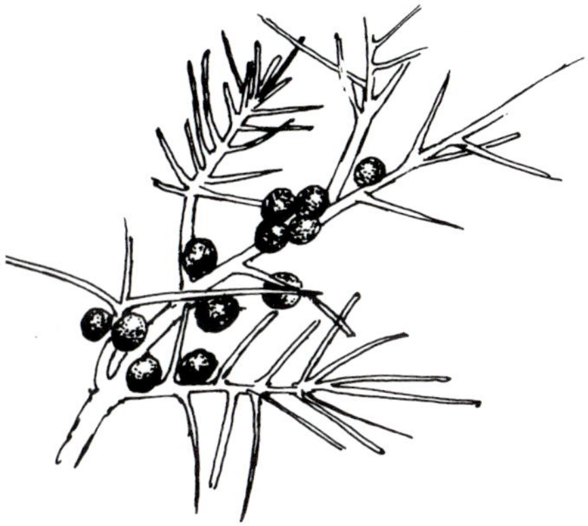

Ratafia de genièvre

CUEILLIR UNE POIGNÉE DE BAIES DE GENIEVRE. Les mettre avec 1/2 citron coupé fin dans un bocal et recouvrir d'un litre d'eau de vie.

Par ailleurs faire un sirop avec 250 g de sucre et 1/2 litre d'eau.

Verser dans le bocal, remuer et fermer hermétiquement.

Laisser reposer au moins un mois, filtrer et mettre en flacons.

Confiture d'oranges amères

CETTE CONFITURE est un peu longue à faire, mais elle embaume la maison tout le temps de sa confection !

Recette pour 1 kg d'oranges non traitées.

Laver les fruits, les couper en fines lamelles.

Réserver les pépins et les nouer dans une fine mousseline.

Mettre les fruits dans une grande terrine avec 2,5 litres d'eau et laisser tremper 12 heures.

Verser le tout dans la bassine et faire cuire doucement 35 à 40 minutes.

Retransvaser dans la terrine et laisser cette fois, reposer 24 heures. Peser le tout en ajoutant le même poids de sucre et remettre à cuire avec le sachet de pépins pendant 30 minutes. Mettre en pots.

Marmelade de melon

QUAND ON SE REFUSE À JETER LES MELONS en trop grande abondance, il ne reste qu'à les transformer en marmelade.

Éplucher les melons et en détailler la chair en petits dés.

Mettre à macérer au frais toute une nuit avec le même poids de sucre. Ajouter, pour parfumer, une orange entière coupée finement, un citron ou encore une poignée de groseilles ou de fruits des bois.

Faire cuire doucement pour que le sirop épaississe en prenant une belle couleur d'ambre.

Gelée de mures

FACILE À FAIRE ET SI SAVOUREUSE, c'est un plaisir à ne pas rater quand les mures abondent le long des chemins creux.

Prévoir de la mousseline à beurre ou un vieux torchon en plus du sucre et des fruits.

Peser les mures et les mettre à cuire dans la bassine avec un verre d'eau pour 500 g de mures.

Dès que les fruits éclatent, arrêter le feu. Verser dans une passoire tapissée de mousseline et au-dessus d'une terrine. Nouer les quatre coins de la mousseline et suspendre au dessus de la terrine pour recueillir le jus.

Ne pas presser si on veut obtenir une gelée limpide, mais sinon c'est tout aussi bon !

Peser le jus, y ajouter le même poids de sucre et faire cuire 25 minutes.

Écumer et mettre en pots.

Confiture de figues

COMPTER UNE LIVRE DE SUCRE pour 1 kg de fruits et un citron.

Mettre à chauffer le sucre et l'eau une dizaine de minutes jusqu'au stade dit « du perlé » : le sirop fait des petites bulles blanches et on ne voit presque plus le liquide.

Pendant ce temps les figues auront été lavées, équeutées et coupées en quatre, le citron coupé en tranches fines.

Jeter les fruits dans le sirop et laisser cuire de 30 à 40 minutes.

Achevé
d'im-
primer au
printemps
1996, sur les
presses de l'impri-
merie Betagraf Bolo-
gna, Italie, alors que le
lapereau broutait le pèbre
d'aï en fleur dans la colline
provençale sans même se douter,
peuchère!, qu'il en retrouverait quatre
à six branches dans la cocotte, coupé
en morceaux avec le foie et les
rognons, de l'huile d'olive,
une petite tomate, deux
gousses d'ail, un filet de
vinaigre, du sel et du
poivre. Pauvre petit
lapereau!

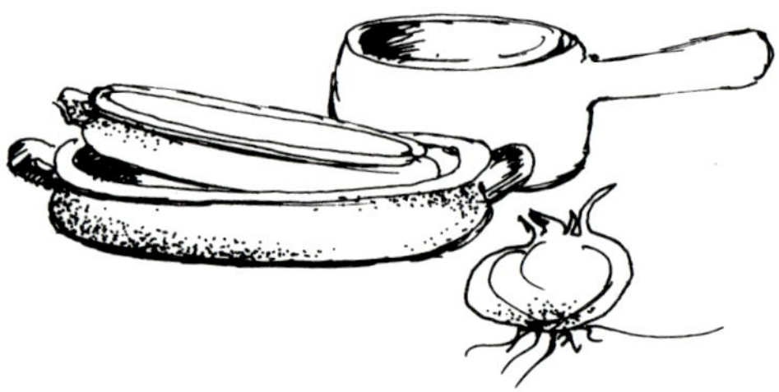